А. С. Пушкин.
Избранная лирика

푸시킨 시선

〈지식을만드는지식 고전선집〉은
인류의 유산으로 남을 만한 작품만을 선정합니다.
읽을 수 없는 고전이 없도록 세상의 모든 고전을 출판합니다.
오랜 시간 그 작품을 연구한 전문가가
정확한 번역, 전문적인 해설, 풍부한 작가 소개, 친절한 주석을
제공합니다.

А. С. Пушкин.
Избранная лирика
푸시킨 시선

알렉산드르 푸시킨(Александр С. Пушкин) 지음

최종술 옮김

대한민국, 서울, 지식을만드는지식, 2026

편집자 일러두기

- 이 책은 1977~1979년 나우카(Наука) 출판사에서 펴낸 《푸시킨 전집(А. С. Пушкин. Полное собрание сочинений: В 10 т. 4-е изд.)》을 원전으로 삼아 번역했습니다.
- 시행의 모양은 원전을 따랐습니다. 다만 시의 한 행이 길어 한 줄을 넘어갈 경우에는 내어쓰기로 표시했습니다.
- 원문의 이탤릭체는 굵은 글씨로 표시했습니다.
- 지은이 주에는 (지은이 주)로 표시했습니다. 지은이 주와 함께 있어 구분이 필요한 옮긴이 주에만 (옮긴이 주)로 표시했습니다. 따로 표시가 없는 주석은 독자의 이해를 돕기 위해 모두 옮긴이가 작성한 것입니다.
- 두 자리 숫자까지 한, 두, 세 등으로 읽히는 숫자는 한글로, 일, 이, 삼 등으로 읽히는 것은 아라비아 숫자로 적었습니다. 시간과 날짜는 모두 아라비아 숫자로 적었습니다.
- 한 편의 시나 중·단편소설, 희곡, 논문, 책 속의 한 장(章) 등은 〈 〉로, 한 권의 시집, 장편소설, 단행본, 잡지 등은 《 》로 표시했습니다.
- 외래어 표기는 현행 한국어 어문 규범의 외래어 표기법을 따랐습니다.

차 례

리체이 시절(1813~1817)

페테르부르크 시절(1817~1820)

남방 유배 시절(1820~1824)

미하일롭스코예 연금 및 성숙기(1824~1830)

'볼디노의 가을'과 만년(1830~1837)

알렉산드르 푸시킨(Александр Пушкин, 1799~1837)
바실리 트로피닌(Василий Тропинин, 1776~1857) 그림,
캔버스에 오일, 1827

러시아 시의 태양, 푸시킨.

그는 러시아 문학의 '빅뱅'이자 '근원'이다.

리체이 시절
1813~1817

차르스코예 셀로의 회상(음울한 밤의 장막이)*

Воспоминания в Царском Селе(Навис покров угрюмой нощи…)

　　졸음에 겨운 둥근 하늘에
　　음울한 밤의 장막이 드리웠네.
골짜기와 수풀이 고요한 정적 속에서 쉼에 들었고,
　　먼 숲은 잿빛 안개에 잠겼네.
참나무 숲 그늘로 시냇물이 들릴락 말락 달려가고,
잎새 위에 잠든 산들바람이 느껴질락 말락 숨을 쉬고,
고요한 달은 우아한 백조처럼

* 푸시킨이 '리체이'(Лицей, 귀족 기숙학교) 재학 시절인 열다섯 살 때 고전주의의 장대한 시풍과 감상적·낭만적 요소를 결합하여 쓴 시로, 그에게 첫 문학적 명성을 안겨 주었다. 1815년 푸시킨이 당대의 러시아 최고 시인 가브릴라 데르자빈(Гаврила Державин)이 배석한 리체이 진급 시험에서 이 시를 낭독하여 그의 후계자로 인정받은 것은 러시아 문학사의 전설적인 장면으로, 일리야 레핀(Илья Репин)의 그림으로도 유명하다.

은빛 구름 속을 떠다니네.

층층 돌 언덕에서 폭포가
구슬 같은 강을 이루어 떨어지고,
저기 고요한 호수에는 나이아스*들이
게으른 물결을 찰랑이네.
저기 거대한 궁전들*은 침묵 속에
하늘에 몸을 기댄 채 구름을 향해 치솟네.
지상의 신들이 평온한 나날을 보낸 곳이 여기가 아니던가?
러시아의 미네르바* 신전이 여기가 아니던가?

* 나이아스(Naias) : 그리스 신화에 나오는 물의 요정이다.

* 거대한 궁전들 : '리체이'가 있던 '차르스코예 셀로(Царское село)'의 궁전들을 가리킨다. 차르스코예 셀로는 '황제의 마을'이란 뜻으로 지금의 푸시킨시(市)다.

* 미네르바(Minerva) : 로마 신화에 나오는 지혜, 예술, 전쟁을 관장하는 여신으로, 예카테리나 2세(Екатерина II)를 가리킨다.

러시아의 힘센 독수리가 사자를 쓰러뜨리고*
평화와 기쁨의 품 안에 고이 잠든,
북방의 엘리시움*이, 아름다운 차르스코예 셀로의 정원이
여기가 아니던가?
위대한 여인*의 권표 아래 행복한 러시아가
평온의 보호를 받아 꽃피며
영광의 왕관을 썼던 저 황금 시절은
영원히 지나갔도다!

여기서는 걸음마다 영혼에
지나간 시절의 추억이 돋네.

* 러시아의 힘센 독수리가 사자를 쓰러뜨리고 : 1721년 종결된 '북방전쟁'에서 러시아군이 스웨덴군을 무찌른 것을 말한다. 독수리는 러시아를, 사자는 스웨덴을 지칭한다.

* 엘리시움(Elysium) : 그리스와 로마 신화에서 영웅들과 덕 있는 사람들이 사후에 거주하는 낙원이다.

* 위대한 여인 : 예카테리나 2세를 가리킨다.

여기 한 러시아인이 있어 주위를 둘러보고 탄식하며 외치네.

"다 사라졌다, 위대한 여인은 가 버렸다!"
그는 사색에 잠긴 채 풀잎 무성한 기슭에
말없이 앉아 바람에 귀 기울이네.
흘러간 세월이 눈앞에 아른거려,
영혼이 고요한 열광에 휩싸이네.

물결 한가운데, 이끼 낀
단단한 바위 위로 솟은
기념비*를 그는 보네. 날개를 활짝 펼치고
젊은 독수리가 그 위에 앉아 있네.
무거운 쇠사슬과 천둥의 화살*이

* 기념비 : 1770년 러시아 해군이 오스만 제국을 상대로 거둔 '체스마 해전'의 극적인 승리를 기념하기 위해 예카테리나 2세가 차르스코예 셀로의 호수 한가운데 있는 작은 섬에 세운 '체스마 원주'를 말한다.

* 천둥의 화살 : 그리스 신화의 최고신 제우스(Zeus)의 무기인 번개를 말한다.

어마어마한 기둥을 세 번 휘감았네.
기둥뿌리 주위에는 회색 물결이 술렁이며
반짝이는 거품 속으로 가라앉네.

음울한 소나무 숲의 짙은 그늘 속에는
소박한 기념비*가 솟아 있네.
오, 카굴강 둑이여, 그것이 너에게는 얼마나 모욕적인가!
사랑하는 조국에는 영광이어라!
오, 러시아의 거인들이여, 전장의 악천후 속에서 전투로 단련된
그대들은 영원히 불멸하리라!
예카테리나의 동지이자 벗인 그대들의 평판은
대대손손 길이 이어지리다.

오, 무력 분쟁의 우렁찬 세기여,

* 소박한 기념비 : 1770년 러시아-튀르크 전쟁 당시 러시아군이 몰다비아의 카굴강 변에서 오스만 제국군에게 대승을 거둔 것을 기념하는 '카굴 오벨리스크'를 가리킨다.

러시아인의 영광을 목격한 증인이여!
슬라브족의 무서운 후예들인
오를로프와 루먄체프와 수보로프*가
제우스의 번개*로 승리를 거머쥔 것을, 너는 보았다.
세상은 그들의 용감무쌍한 위업에 놀라 벌벌 떨었다.
데르자빈과 페트로프*가 우렛소리 나는 리라의 선율로
영웅들을 찬미하는 노래를 불렀다.

잊지 못할 세기여, 너도 지나갔도다!

* 오를로프와 루먄체프와 수보로프 : 18세기의 유명한 러시아 장군들이다. 알렉세이 오를로프(Алексей Орлов)는 '체스마 해전' 승리의 주역 중 한 명이고, 표트르 루먄체프(Пётр Румянцев)는 '카굴 전투'를 승리로 이끈 영웅이며, 알렉산드르 수보로프(Александр Суворов)는 수많은 전쟁을 승리로 이끈 전설적인 명장이다.

* 번개 : 원어는 '페룬(перун)'으로 천둥을 일으키고 번개를 무기로 사용하는 동슬라브 신화의 최고신을 동시에 의미한다. '페룬'은 그리스 신화의 제우스와 기능과 지위가 유사하다.

* 바실리 페트로프(Василий Петров) : 데르자빈과 더불어 예카테리나 여제 시대의 대표적인 송가 시인이다. 위에 열거된 장군들의 업적을 기리는 여러 편의 송가를 썼다.

이윽고 새로운 세기가
새로운 전투도, 전쟁의 공포도 보았다.
고통은 인간의 숙명이로다.
간계와 파렴치로 왕관을 쓴 왕*의
걷잡을 수 없는 손바닥 안에서 피에 물든 검이 번득였다.
세상의 채찍이 솟았고, 곧 새로운 전투의
무시무시한 여명이 붉게 타올랐다.

적들은 급류처럼
러시아의 들판으로 쇄도했다.
음울한 초원이 깊은 잠에 빠져 그들 앞에 누워 있고,
피비린내 나는 안개가 대지에 피어오른다.
평화로운 마을도, 도시도 어둠 속에 불타올라
하늘 주위가 불빛에 휩싸였고,
울창한 숲은 난민들의 은신처가 되고,
들판에서는 쓸모없는 쟁기가 녹슬어 간다.

* 간계와 파렴치로 왕관을 쓴 왕 : 나폴레옹(Napoléon Bonaparte)을 말한다.

멈출 수 없는 기세로 적들이 쳐들어오며
모조리 파괴하고 모조리 먼지로 만들어,
벨로나*의 죽은 자식들의 창백한 그림자가
공중의 무리를 이루며
끊임없이 캄캄한 무덤 속으로 내려가거나
밤의 정적 속에서 숲을 배회한다….
그러나 함성이 울려 퍼졌다…! 저 멀리서 안개를 뚫고 진군한다!
갑옷과 검 소리가 울려 퍼진다…!

오, 이민족의 군대여, 두려워하라!
러시아의 아들들이 움직였도다.
늙은이도 젊은이도 모두 일어나 오만불손한 적을 향해 날아간다.
그들의 심장이 복수로 타오른다.

* 벨로나(Bellona) : 로마 신화의 전쟁의 여신.

폭군이여, 공포에 떨라! 몰락의 시간이 이미 가까웠도다!
너는 전사 한 명 한 명에게서 용사*를 보게 되리라.
그들의 목표는 승리하는 것, 아니면 루시를 위해, 성스러운 신앙을 위해,
전투의 열기 속에서 쓰러지는 것.

열렬한 말들이 전의를 불태우고
골짜기가 전사들로 가득 차,
대열에 대열이 뒤따르며 모두 복수와 영광으로 숨 쉰다.
환희가 그들의 가슴에 퍼졌다.
잔혹한 향연을 향해 돌진하고, 검이 전리품을 찾는다.
보라, 전투가 타오른다. 우렛소리가 언덕을 뒤흔들고,
자욱한 포연 속에서 검과 화살이 쉭쉭 대고,
방패에 피가 점점이 튀긴다.

전투가 끝났다. 러시아인이 승리자로다!

* 용사 : 러시아 민담과 서사시에 나오는 초인적인 힘을 가진 전설적인 영웅 '보가티리(богатырь)'를 가리킨다.

오만한 갈리아인*이 뒤돌아 달아난다.
그러나 천상의 전능자는 전장의 강자에게
마지막 빛을 씌워 주어,
백발의 전사*가 그를 쓰러뜨린 곳은 여기가 아니었다.
오, 피비린내 나는 보로디노 들판*이여!
네가 광란과 오만의 끝이 아니구나!
아아! 갈리아인이 크레믈의 종탑에 올라섰구나…!

꽃피는 시절의 여명에
슬픔도 고난도 모르고
내가 태평한 황금의 시간을 보낸
모스크바 땅이여, 정든 땅이여,
너마저 그들, 내 조국의 원수들을 보았네!

* 갈리아인 : 프랑스인.

* 백발의 전사 : 러시아군의 총사령관 미하일 쿠투조프(Михаил Кутузов) 장군을 가리킨다.

* 보로디노 들판 : '나폴레옹 전쟁(1812년 조국전쟁)'의 최대 격전지로 러시아 민족 저항 정신의 성지다.

피가 너를 붉게 물들이고 화염이 너를 집어삼켰네!*
나는 네 복수의 제물로 이 한목숨 바치지 못하고
헛된 분노로 애만 태웠다…!

백 개의 머리 솟은* 모스크바의 아름다움이여,
정든 고향 땅의 매력이여, 너는 어디로 갔는가?
전에 장엄한 도시가 눈에 들어오던 곳에
이제는 폐허만이 남았네.
모스크바여, 너의 침울한 모습은 러시아인에게 얼마나 끔찍한가!
황제와 귀족의 궁전은 자취를 감추었네,
모든 것을 화염이 삼켜 버렸네. 첨탑의 왕관이 어둠 속에 빛을 잃었고,

* 화염이 너를 집어삼켰네! : 보로디노 전투 이후 러시아군이 모스크바를 비우고 퇴각하며 스스로 불태운 '모스크바 대화재'를 말한다.

* 백 개의 머리 솟은 : 수많은 교회와 종탑을 가진 모스크바를 비유적으로 묘사하는 표현이다.

부호들의 대저택이 무너졌네.

그늘 우거진 숲과 정원에
호화로움이 깃들었던 곳,
도금양 나무가 향기를 내뿜고 보리수가 몸을 떨던 곳,
이제 그곳은 숯과 재와 먼지뿐이로다.
침묵에 잠긴 아름다운 여름밤의 시간에
떠들썩한 환희는 그리로 날아들지 않으리니,
강변과 밝은 숲은 이미 불빛에 반짝이지 않네.
모든 것이 죽었네, 모든 것이 침묵하네.

러시아 도시들의 어머니여, 위로받으라,
침략자의 파멸을 보라.
지금 창조주의 복수하는 오른손이
그들의 오만한 목덜미를 무겁게 짓눌렀다.
보라, 감히 뒤돌아보지도 못하고 그들은 달아나고,
그들의 피가 그치지 않는 강물이 되어 눈밭을 흐른다.
달아나는 그들을 밤의 어둠 속에서 기아와 죽음이 맞이하고,
뒤에서는 러시아인의 검이 쫓는다.

오, 너희, 유럽의 강대한 종족들을
벌벌 떨게 한 자들이여,
오, 탐욕적인 갈리아 무리여! 너희도 무덤 속으로 떨어졌도다.
오, 공포여! 오, 무서운 시절이여!
정의의 목소리와 신앙과 법을 경멸하고
검으로 왕위를 뒤엎으려 오만하게 꿈꾼 자여,
행운과 벨로나의 사랑받는 아들이여, 너는 어디 있느냐?
아침에 악몽 사라지듯 사라졌도다!

파리의 러시아인!* 복수의 횃불은 어디에 있는가?
갈리아여, 고개를 숙이라.
그러나 나는 무엇을 보는가? 러시아인은 화해의 미소를 띤 채
황금 올리브 가지를 들고 다가간다.
먼 데는 아직 전쟁의 우렛소리가 요란하고

* 파리의 러시아인 : 알렉산드르 1세(Александр I)를 말한다.

모스크바는 한밤의 어둠에 잠긴 초원처럼 침울한데,
그는 적에게 파멸이 아닌 구원을, 땅에는
복된 평화를 가져가는구나.

오, 전사들의 준엄한 대열을 찬미한
영감에 찬 러시아의 음유시인이여,
벗들 속에서 불타오른 영혼으로
황금의 하프를 우레처럼 울리라!
그러면 영웅들을 기리는 정연한 목소리가 다시 쏟아져
나오고
장엄한 선율이 가슴에 불을 지펴,
전쟁 시인의 목소리에 젊은 전사가
격정으로 끓어오르며 전율하리라.

1814

나타샤에게

К Наташе

붉은 여름이 시드네, 시들어 가네.
밝은 날들이 날아가네.
잠든 밤의 그림자 속에
궂은 안개가 깔리네.
풍성하던 밭이 텅 비었고,
발랄한 시냇물이 차갑네.
곱슬머리 숲이 희끗해지고,
둥근 하늘이 창백해졌네.

나타샤, 나의 빛이여! 너는 지금 어디에 있는가?
어찌하여 아무도 너를 보지 못하는가?
가슴의 벗과 나누는 한순간을
너는 원치 않는 것인가?
물결 이는 호수 위에서나,
향기로운 보리수 지붕 아래에서나,
이른 시각이나 늦은 시각이나,
나는 너를 만나지 못하네.

곧, 곧 겨울의 추위가
숲을, 들판을 찾아오겠지.
연기 자욱한 오두막에
곧 불빛이 밝게 빛나겠지.
나는 내 사랑을 보지 못하고,
좁은 새장에 갇힌 방울새처럼,
집에서 슬퍼하며
나타샤를 떠올리겠지.

1815

친구들에게 남기는 나의 유언

Мое завещание друзьям

나 내일 세상을 떠나련다.
황홀한 환희의 세계로,
고요한 망각의 강* 기슭으로,
유쾌한 환영이 되어 날아가련다….
매혹이여, 삶과 사랑의
기쁨이여, 영원히 안녕!
오, 나의 벗들이여, 가까이 와 다오,
경의와 관심을 표해 다오!
가인은 죽기로 결심했다.
그러니, 저녁 달빛 아래
정원에서 무늬진 하얀 수의를
잔디에 입힐 수 없을까?

* 고요한 망각의 강 : 고대 그리스 신화 속 레테(Lethe)강을 가리킨다.

긴 행렬을 이루어,
우리가 담소를 나누던
꿈결에 젖은 물의 어두운 기슭으로
가득 찬 술잔을 가져갈 수 없을까?
교만한 세멜레의 아들*을,
우리 리라의 벗, 신들과
필멸의 존재의 지배자인 에로스*를
마지막 향연에 불러 다오.
쾌활한 방울을 흔들며
흥이 달려와,
거품 가득한 술잔을 쥔 우리를
진심으로 웃기게 해 다오.
우리의 친근한 뮤즈들이
유쾌한 무리를 이루어 날아오게 해 다오.
그들에게 첫 잔을 돌려 다오.*

* 세멜레의 아들 : 대지의 여신 세멜레(Semele)와 제우스 사이에서 태어난 아들로 술과 광란의 신인 디오니소스(Dionysus)를 가리킨다.

* 에로스(Eros) : 사랑의 신.

벗들이여! 그들의 유대는 우리에게 신성하도다.
이른 아침 샛별이 뜰 때까지,
고요한 여명의 빛이 비칠 때까지,
우애로운 돌림잔이
시인의 손을 떠나지 않으리라.
달콤한 공상을 노래했던
나의 피리를 마지막으로
황홀한 가슴에 꼭 안으리라.
마지막으로 부드러운 고뇌에 젖어
영원과 벗들을 떠올리지 않으리라.
마지막으로 눈 내린 가슴 위에서
젊은 날의 환희에 흠뻑 취하리라!

　어둠 속에서 젊은 여명이
동녘을 금빛으로 물들이고
아침 이슬에 덮인

* 그들에게 첫 잔을 돌려 다오 : 잔을 돌려 마시는 풍습에 대한 언급이다.

하얀 백양나무가 밝아 오거든,
아나크레온*의 포도송이를 건네다오.
그는 나의 스승이었으니,
나도 그의 길을 따라
슬픈 아케론강* 기슭으로 내려가리라….
용서해 다오, 사랑하는 벗들이여,
손을 내밀어 다오, 이제 안녕!
내가 영원히 모습을 감출 때
나의 유언을 지키겠노라
약속해 다오, 약속해 다오.
바쿠스와 테미라*를 찬미한
나의 소중한 가인이여, 오라.
나 너에게 무위와 리라를 선물하노니

* 아나크레온(Anacreon) : 술과 사랑과 음식 등 인생의 향락을 노래한 고대 그리스 시인이다.

* 아케론(Acheron)강 : 그리스 신화 속 저승의 강 중 하나인 슬픔의 강이다.

* 테미라 : 사랑, 아름다움, 즐거움을 상징하는 가공의 여인 이름이다.

뮤즈들이 네 위에 있기를…!
오, 푸신,* 변덕스러운 현자여,
넌 우리의 우정을 잊지 않겠지!
나의 깊은 술잔과 함께
시든 도금양 화관*을 받아 다오!
벗들이여! 너희에게 가슴과,
양귀비와 백합의 침상에서
행복한 무위에 덮였던
아름다운 지난날의 추억을 남기노라.
나의 시는 망각에 바치고,
마지막 숨결은, 오, 벗들이여, **그녀에게**…!

조용한 장례의 축제에
나는 너희를 초대해야만 하지.

* 이반 푸신(Иван Пущин) : 리체이 시절 푸시킨과 가장 친했던 평생의 벗으로, 후에 데카브리스트가 된다.

* 도금양 화관 : 고대 그리스에서 시적 영광, 승리, 젊은 날의 사랑을 상징한다.

고독의 벗, 즐거움이
부고장을 돌리리라….
머리에 화관을 쓰고, 손에 손을 잡고,
활기찬 무리를 지어 모여들어,
헬리콘산* 숲에서 사라질
가인의 관 뚜껑에
너희의 날렵한 조각칼로 새겨 다오.
"안일과 아폴론*의 자식,
젊은 현자 여기 잠들다."

1815

* 헬리콘(Helicon)산 : 그리스 신화 속 뮤즈들의 거처.
* 아폴론(Apollon) : 그리스 신화 속 태양과 빛, 시와 음악의 신.

회상(푸신에게)

Воспоминание(К Пущину)

위안의 고요 속에서
거품 이는 맑은 포도주 속에
우리의 비애를 가라앉히던 것을,
술잔으로 맺어진 나의 형제여, 기억하는가?

학교*의 감시를 멀찍이 피해
우리의 어두운 구석에
말없이 몸을 숨기고
느긋하게 바쿠스와 즐기던 것을 기억하는가?

펀치 잔 주위에 둘러앉은
벗들의 속삭임을,

* 학교 : 차르스코예 셀로의 리체이를 가리킨다.

술잔의 준엄한 침묵을,
값싼 담뱃대의 불꽃을 기억하는가?

불이 붙으면, 오, 얼마나 멋지게
연기의 물결이 흘렀던가…!
갑자기 멀리서 스승의 무서운 목소리가
우리에게 들려왔지….

그러면 눈 깜짝할 사이에 술병을 깨고
잔은 전부 창밖으로 던졌지.
펀치와 연한 포도주가
온 바닥에 쏟아져 있었지.

허둥대며 달아나면
순간적인 두려움은 바로 사라졌어!
장난기 가득한 발그레한 두 뺨이,
입에 오르는 지혜와 가슴이,

순수한 즐거움의 웃음소리가,
움직임 없는 흐릿한 시선이
숙취의 시간을, 바쿠스의

달콤한 음모를 바꾸었지.

오, 나의 소중한 벗들이여!
너희에게 맹세하노니, 해마다
태평한 시간에 식탁에 앉아
포도주로 추억을 기리리라.

1815

아나크레온의 무덤

Гроб Анакреона

만물이 신비로운 침묵에 잠기고
언덕은 어둠의 옷을 입었네.
빛나는 구름 속을
어린 초승달이 거니네.
달콤한 정적 속에서 졸고 있는
무덤 위의 리라가 보이누나.
생기를 잃은 현에서
무위의 다정한 목소리인 양
구슬픈 소리가 때때로 들려올 뿐.
리라 위에 앉은 멧비둘기와
장미에 파묻힌 술잔과 화관이 보이누나….
벗들이여, 쾌락의 현자가
여기에 고이 잠들었네.
보라, 조각칼이 반석 위에
그의 모습을 되살려 놓았네!
여기, 그가 거울을 들여다보며
말하네. "나 늙어 백발이 되었으니

삶을 만끽하게 해 주오.
삶은, 아아, 영원한 선물이 아니로구나!"*
여기, 그가 리라에 손을 얹고
엄숙하게 눈살을 찌푸리며
전쟁의 신*을 노래하려 하지만,
오직 사랑만을 노래하네.
여기, 그가 자연에게
마지막 빚을 갚을 준비를 하누나.*
노인은 원무를 추며
목을 축여 달라 청하네.
백발의 연인 주위에서
처녀들이 뛰놀며 노래하네.
그는 인색한 시간에게서

* 삶은, 아아, 영원한 선물이 아니로구나! : 아나크레온의 '카르페 디엠(Carpe diem)' 철학이다.

* 전쟁의 신 : 마르스(Mars)를 말한다.

* 마지막 빚을 갚을 준비를 하누나 : '자연에게 죽음의 의무를 갚을 준비를 한다'는 의미다.

몇 분의 시간을 훔치네.
보라, 뮤즈들도 하리테스*도
애인을 무덤으로 데려갔네.
담쟁이와 장미에 휘감겨
유희들이 그를 따라갔네….
향락처럼, 즐거운 사랑의 꿈처럼,
그는 사라졌노라.
필멸의 존재여, 너의 생은 환영이니,
재빠른 행복을 붙잡아라.
향유하라, 향유하라.
더 자주 술잔을 채우라.
격정에 지쳐
술잔과 더불어 쉬라!

1815

* 하리테스 : 그리스 신화에 등장하는 우아함, 아름다움, 기쁨을 상징하는 세 명의 여신 '카리테스(Charites)'의 러시아어 표기다. 아나크레온의 시에서 빠질 수 없는 즐거움의 동반자다.

비가(두려움 없이 담대하게)

Элегия(Счастлив, кто в страсти сам себе…)

두려움 없이 담대하게
스스로에게 정열을 고백하는 사람은,
알 수 없는 운명 속에서
수줍은 희망이 어루만지는 사람은,
애련의 한밤에
안개 낀 달빛에 이끌리는 사람은,
그의 아름다운 여인의 문을
충실한 열쇠가 조용히 열어 주는 사람은 행복하여라.

하지만 나의 우울한 삶에는
은밀한 향락의 기쁨이 없구나.
희망의 이른 꽃이 시들었네.
삶의 꽃이 고통에 말라 가네!
슬픔 속에 젊음이 날아가고,
노년의 협박을 듣게 되겠지.
사랑은 나를 잊었지만,

내 사랑의 눈물을 어찌 잊으랴!

1816

가인

Певец

사랑의 가인이, 자기 슬픔의 가인이
밤의 숲 너머에서 부르는 노랫소리를 당신은 들은 적 있나요?
들판이 침묵하는 아침 시간에 울리는
우울하고 소박한 피리 소리를
당신은 들은 적 있나요?

사랑의 가인을, 자기 슬픔의 가인을
황량한 숲의 어둠 속에서 당신은 만난 적 있나요?
눈물 자국을, 미소를 본 적 있나요,
아니면 애수에 찬 고요한 눈빛을
당신은 만난 적 있나요?

사랑의 가인의, 자기 슬픔의 가인의
고요한 목소리에 귀 기울이며 당신은 한숨을 지었던가요?
숲에서 젊은이를 보고

불 꺼진 그의 눈길을 마주하며
　　　당신은 한숨을 지었던가요?

1816

염원

Желание

나의 나날은 굼뜨게 흐르고,
매 순간이 우울한 가슴속에
불행한 사랑의 비애를 더하고
염원의 광기를 한껏 일으키네.
그러나 나는 침묵하니, 나의 불평은 들리지 않네.
나는 눈물을 쏟으니, 눈물이 나의 위안이어라.
애수에 사로잡힌 나의 영혼은
눈물 속에서 쓰라린 향락을 찾네.
오, 삶의 시간이여! 날아가라, 나는 네가 아쉽지 않다.
어둠 속으로 사라지라, 공허한 환영이여.
내 사랑의 고통이 나는 소중하니,
죽더라도 사랑하며 죽게 해 다오!

1816

벗들에게(금빛 찬란한 낮과 밤을)

Друзьям(Богами вам еще даны…)

금빛 찬란한 낮과 밤을
아직 신들은 너희에게 허락해서
나른한 처녀들이 주의 깊은 눈길로
너희를 열렬히 바라보네.
유희하라, 노래하라, 오, 벗들이여!
한순간인 밤을 탕진하라.
그러면 너희의 태평한 기쁨에 나는
눈물을 글썽이며 미소 짓겠네.

1816

비가(사랑은 영원히 꺼졌다고)

Элегия(Я думал, что любовь погасла навсегда…)

사랑은 영원히 꺼졌다고,
가슴속에서 사나운 정열의 격렬한 목소리는 멎었다고,
마침내 우정이라는 위안의 별이
수난자를 안전한 항구로 인도했다고, 나는 생각했네.
미더운 해변 가까이에서 안식을 취하리라고,
광포한 폭풍우에 휩싸인 뱃사람들의 비참한 돛배를
　　이미 멀리서 바라보며
　　손짓으로 가리키리라고 생각했네.
　　나는 말했네. "자유롭고 아름다운 일생이
　　밝은 봄날처럼 쏜살같이 흘러
　　정열의 어둠에 잠기지 않은 사람이,
　　부질없는 사랑으로 고통받지 않은 사람이,
　　애처로운 예속을 모르는 사람이
　　백배는 복되다.
　　복되도다! 그러나 나는 더욱 복되지.
　　나는 고통의 사슬을 끊고
　　다시 우정의 품에 안겼다…. 나는 자유롭다.

삶의 음울한 들판을
유쾌한 광채가 매혹으로 물들였다!"
하지만 나는 무슨 말을 한 것인가…. 불행한 자여!
나는 믿을 수 없는 고요 속에서 순간 잠이 들었지만,
암울한 사랑이 내 안에 도사리고 있었고,
내 정열의 불꽃은 꺼지지 않았네.
내 벗들의 무리로 즐거움이 부르자,
나는 경쾌한 리라를 옛 음조에 맞추려 했네,
매혹적인 처녀들을, 유흥을, 바쿠스를, 델피라*를
다시 찬미하고 싶었네.
소용없다…! 나는 침묵했네. 지친 손이
말을 듣지 않는 리라 위에 나른하게 놓여 있었네.
나는 여전히 타오르며 무심한 슬픔 속에서
젊음의 유희를 멀찍이 바라보았네.
사랑이여, 우리 시절의 독이여,
기만적인 염원의 무리와 함께 달아나라.

* 델피라 : 가볍고 즐거운 유희적 사랑을 상징하는 가공의 여인 이름이다.

고통스러운 열망의 불길이여,
나의 영혼을 사르지 말라.
환영들이여, 날아가라…. 아모르*여, 나는 더 이상 너의 것이 아니니,
나에게 기쁨을 돌려다오, 나의 평안을 돌려다오….
무심한 자연 속에 나 홀로 내버려두어 다오,
아니면 다시 희망의 날개로 날게 해 다오,
괴로운 사슬에 묶여서도 다시 잠들고
달콤한 자유를 꿈꾸게 해 다오.

1816

* 아모르(Amor) : 로마 신화의 사랑의 신.

불신

Безверие

오, 당신들, 음울한 불신을 죄악으로 간주하며,
가슴의 기쁨인 빛을
첫 시절부터 어리석게 꺼트린 자를
신랄한 질책과 함께 무서워 피하는 자들이여,
잔혹한 오만의 광란을 가라앉히시라.
그는 당신들의 관용과 연민의 눈물에
합당하니라. 형제의 신음에 귀 기울이시라.
불행한 자는 악인이 아니니, 그는 스스로 고통받노라.
세상 그 누가 그가 안은 영혼의 고난을 달래 주랴?
아아! 그는 첫 위안을 잃었도다!
하루하루 허영심이 모두에게 거짓의 어둠을 드리우는 곳이 아니라,
가정의 고요 속에서, 친숙한 지붕 아래에서,
우정 어린 정담이나 막연한 염원에 찬 대화의 자리에서
그를 한번 쳐다보시라.
헐벗은 들판 사이를 느릿느릿
탁류가 흘러가는 곳에서 그를 찾아보시라.

수백 년 된 소나무들의 신비로운 장막이
수런대며 축축한 이끼에 영원한 그늘을 드리운 곳에서,
시든 영혼을 안고 자신의 끔찍한 공허에 지쳐 배회하며
때로는 슬픔의 눈물을, 때로는 회한의 눈물을 흘리는
그를 바라보시라.
헛되이 그는 우울을 달랠 즐거움을 찾는다.
헛되이 자유로운 소박함의 장엄함 속에서
자연의 아름다움은 그의 눈앞에 펼쳐져 있다.
헛되이 그는 슬픈 눈길을 주위로 돌린다.
머리는 신성을 추구하지만, 가슴은 찾지 못하네.

귀먹은 운명의 타격이 그를 엄습할까?
찰나의 행복의 선물을 느닷없이 빼앗길까?
사랑에서, 우정에서 배신을 부여안고 그는
그 기만적인 가치를 느끼게 될까?
지주를 모두 잃고 믿음에서 멀어진 아들은,
이미 공포에 질려, 세상에 그 홀로 남겨졌음을 보고,
평안의 선물을 가진 강력한 손은
세상의 경계 너머에서 그에게 뻗쳐오지 않네….

불행과 정념과 허약의 아들인

우리는 모두 날 때부터 끔찍한 무덤을 선고받았도다.
시시각각 덧없는 사슬의 와해가 준비되어 있노라.*
우리의 생은 위태로운 하루이며, 끊임없는 동요라네.
차가운 어둠으로 우리를 위협하며 에워싸고
죽음의 시각이 영원의 장막을 흔들 때,
마지막 눈물의 고통을 느끼며 세상과의
미지의 이별에 돌입하는 것은 끔찍하도다!
그때, 속박에서 벗어난 영혼과 말을 나누며,
오, 믿음이여, 너는 무덤의 문가에 서서,
영혼에게 무덤의 밤을 고요히 비춰 주고,
용기를 얻은 영혼을 희망과 함께 떠나보내네….
그러나, 벗들이여! 벗들보다 오래 사는 것이 더 끔찍하도다!
오직 믿음만이 고요 속의 위안으로
침울해진 영혼과 가슴의 기대를 살리네.

* 시시각각 덧없는 사슬의 와해가 준비되어 있노라 : 인간의 생명은 영원하지 않은 육신에 영혼이 잠시 매여 있는 상태이며, 죽음은 이 결합이 해체되어 존재가 소멸하는 과정임을 뜻한다.

"그때가 오리라!" 믿음은 말하네, "만남은 예정되어 있단다!"

하지만 그는(눈먼 현자여!), 그는 무덤 곁에서 신음하네.
불행한 인간은 존재의 기쁨과 헤어져,
희망의 달콤한 인사를 듣지 못하고
무덤에 다가가네, 호소하네…. 응답이 없도다!

혈육과 벗들의 성스러운 유해가 썩어 가는
침묵의 장소들에서 당신들은 그를 본 적이 있는가?
차가운 무덤 위에서 당신들은 그를 본 적이 있는가?
다정한 델리아*의 사랑스러운 재가 묻힌 곳에서?
저녁의 고요에 이끌려 고인들에게 온
그는 무심한 머리를 십자가에 기댔네.

* 델리아(Delia) : 그리스 델로스(Delos)섬에서 태어난 달의 여신 아르테미스(Artemis)의 별칭이다. 범접할 수 없는 신성함과 순결한 아름다움을 지닌 여인을 상징한다.

이따금 먹먹한 신음을 토하며
그는 우네. 그러나 고통에 겨운
두 눈에 달콤하고, 자유로워
가슴에 소중한 눈물 줄기가 아니라,
절망의 눈물 줄기가, 쓰라림의 눈물 줄기가 흐르네.
공포의 침묵 속에서, 격렬한 광기 속에서
그가 전율하는 사이, 검은 버드나무 그늘 아래에서는
어머니의 무덤 곁에 무릎을 꿇은
그곳의 젊은 처녀가 잔잔한 슬픔에 잠겨
애처롭고 부드러운 눈길을 하늘로 드네.
안개 낀 달빛에 홀로 빛나는
그녀는 슬픔의 천사처럼 모습을 드러내네.
천천히 한숨을 내쉬며 무덤을 껴안네.
그의 주위로 사위가 고요한데, 주의를 끈 듯,
불행한 사람은 침묵에 잠겨 그녀를 바라보고,
고개를 흔들고, 몸을 떨고는 달려가네.
그는 서둘러 멀리 가지만, 우울이 배회하며 뒤따르네.

그가 말없이 무리에 섞여 지존자의 사원에 들어가도,
그곳에서 그는 영혼의 애수를 더할 뿐이네.
오래된 제단의 성대한 제전을 보아도,

사제의 목소리가 울려도, 감미로운 합창을 들어도
불신의 고통이 그를 조여 오네.
그는 숨은 신을 어디에서도, 어디에서도 보지 못하고,
불 꺼진 영혼으로 성소 앞에 서서
모든 것에 냉담하고 감동을 모르는 채
울분과 함께 조용한 기도에 귀 기울이네.
'행복한 자들이여!' 그는 생각하네. '왜 나는
반항의 격정이 사그라진 겸허한 고요 속에서
나약하고도 엄격한 이성은 잊고서,
오직 믿음 하나로 신 앞에 꿇어 엎드릴 수 없는가!'

헛된 가슴의 절규로다! 아니, 아니다! 그는
축복을 알지 못할 운명! 침울한 인도자인
불신만이 홀로, 암흑 속으로 난 삶의 길을 따라
불행한 인간을 무덤의 차가운 문까지 끌고 가네.
무덤의 황야에서 무엇이 그를 부르는지
누가 알랴? 그러나 그곳에서 그는 오직 평안만을 볼 뿐
이네.

1817

페테르부르크 시절
1817～1820

×××에게(묻지 말라, 왜 즐거움 중에 자주 내가)
К ×××(Не спрашивай, зачем унылой думой…)

묻지 말라, 왜 즐거움 중에 자주 내가
우울한 생각으로 어둠에 잠기는지,
왜 모든 것을 침울한 시선으로 쳐다보는지,
왜 내게는 달콤한 삶의 꿈이 소중하지 않은지 묻지 말라.

묻지 말라, 왜 식어 버린 영혼으로 내가
유쾌한 사랑을 버리고
누구도 **내 소중한 사람**이라 부르지 않는지 묻지 말라.
한번 사랑한 사람은 다시는 사랑을 하지 못하지.

한번 행복을 맛본 사람은 더 이상 행복을 깨닫지 못하지.
우리에게 주어지는 축복은 한순간일 뿐,
젊음에서, 희열에서, 향락에서
오직 우수만이 남으리라….

1817

자유

Вольность

송가(Ода)

유약한 키테라의 여왕*이여,

달아나라, 내 눈앞에서 사라지라!

왕들의 두려움인 너, 도도한 자유의 가인*이여,

* 키테라의 여왕 : 그리스 신화의 미와 사랑의 여신 아프로디테(Aphrodite)를 가리킨다. 그리스 신화에서 키테라(Cythera)는 아프로디테가 우라노스(Uranus)의 생식기에서 태어나 거품을 타고 바다를 떠돌다 처음으로 발을 디딘 섬으로, 그녀의 주요 숭배지 중 하나다.

* 왕들의 두려움인 너, 도도한 자유의 가인 : 그리스 신화 속 역사의 여신 클리오(Clio)를 지칭한다. '사랑을 버리고 역사의 진실을 택한다'는 푸시킨의 시적 선언 속에서 그 존재가 소환된다. 본래 클리오는 사실의 단순한 기록자이나, 푸시킨은 권력의 악덕을 기록하여 후대에 고발하는 '역사의 심판자적 기능'에 주목하여 클리오에게 "자유의 가인"이자 "왕들의 두려움"이라는 혁명적 속성을 부여했다.

너는 어디 있느냐?
어서 와 내 월계관을 뜯어내라,
나약한 리라를 부수라….
나는 세상에 자유를 노래하고
옥좌 위의 악덕을 벌하려 하노라.

영예로운 고난 속에서 네가
불굴의 찬가를 불어넣은
저 고결한 갈리아인*의
숭고한 자취를 나에게 보여 다오.
변덕스러운 운명의 총아인
세상의 폭군들이여! 두려워 떨라!
너희, 쓰러진 노예들이여,
용기를 내어 귀 기울이라, 봉기하라!

아아, 슬프도다! 눈길 닿는 곳

* 고결한 갈리아인 : 프랑스 혁명에 관련된 프랑스 시인들을 말한다.

어디나 채찍과 쇠사슬,
처참한 법의 수치,
무력한 노예의 눈물.
어디나 불의의 권력이,
노예 제도의 서슬 푸른 수호신과
영광에 대한 숙명적인 열정이
편견의 짙은 안개 속에서 권좌에 올랐다.

군주의 머리 위 저곳만은
민중의 고통이 서리지 않았다.
강력한 법과 신성한 자유가
굳건히 맺어진 곳,
튼튼한 법의 방패가 모두에게 뻗친 곳,
미더운 손들에 꽉 쥐어진 법의 칼이
시민들의 평등한 머리 위를
가리지 않고 미끄러지다가

단번에 공정하게 내리쳐서
죄악을 쓰러뜨리는 곳,
인색한 탐욕도 공갈 협박도
법의 손을 매수할 수 없는 곳.

군주들이여! 그대들에게 왕관과 옥좌를
주는 것은 법이지 자연이 아니다.
그대들은 민중 위에 서 있지만,
영원한 법이 그대들보다 더 높이 서 있노라.

법이 태평하게 졸고 있는,
민중이든 제왕이든
법 위에 군림하는 종족에게는
비애, 비애로다!
오, 근자에 불어닥친 광풍의 소란 속에서
선대로 인해 제왕의 머리를 바친,
영예로운 과오의 수난자*여,
나는 그대를 증인으로 부르노라.

말 없는 후손의 눈앞에서
루이가 죽음을 향해 오른다.

* 영예로운 과오의 수난자 : 1793년 1월에 처형된 프랑스 국왕 루이 16세(Louis XVI)를 가리킨다.

반역의 피 묻은 단두대에
왕관을 벗긴 머리를 숙였다.
법이 침묵한다. 민중이 침묵한다.
죄악의 도끼날이 떨어진다….
보라, 악당의 흉포가
속박당한 갈리아인들을 휘감는다.*

독재를 휘두르는 악당아!
너를, 너의 옥좌를 나는 증오한다.
너의 파멸을, 자손들의 죽음을
잔혹한 희열에 싸여 나는 본다.
네 이마에서 민중은
저주의 낙인을 읽는다.
너는 세상의 공포다. 자연의 수치다.
지상에서 너는 신에 대한 비난이다.

* 속박당한 갈리아인들을 휘감는다 : 혁명의 기치인 자유를 배신하고 스스로 황제가 되어 프랑스 국민을 다시 억압한 나폴레옹 보나파르트에 대한 비판이다.

음울한 네바강 위에
한밤의 별이 반짝이고
태평한 머리를
평온한 잠이 짓누를 때,
수심 가득한 가인*은
안개 속에서 험악하게 잠든
폭군*의 황량한 기념비를,
망각에 내던져진 궁전을 바라본다.

그리고 저 무시무시한 벽 너머에서
클리오의 무시무시한 목소리를 듣는다.
칼리굴라*의 마지막 순간을

* 가인 : 푸시킨 자신을 말한다.

* 폭군 : 독단적이고 예측 불가능한 통치 방식 때문에 귀족의 불만을 사, 1801년 3월 11일 밤 미하일롭스키성에서 쿠데타로 암살당한 파벨 1세(Павел I)를 말한다.

* 칼리굴라 : 포악하기로 이름난 로마 황제 가이우스(Gaius)의

눈앞에서 생생히 본다.
휘장을 두르고 별을 단 암살자들이
포도주와 악의에 취해
뻔뻔한 얼굴로, 가슴에는 공포를 안고
가는 것을 본다.

불충한 파수병이 침묵하고
도개교가 소리 없이 내려져,
매수당한 반역자의 손이
한밤의 어둠 속에서 대문을 열어젖힌다….
오, 치욕이여! 오, 우리 시대의 참상이여!
친위대가 금수처럼 쳐들어왔다…!
수치스러운 타격이 가해진다….
왕관을 쓴 악당은 비명에 갔다.

오, 제왕들이여, 이제 배우라.

별명이다. 측근들에게 살해당했다.

처벌도 포상도
지하 감방도 제단도
그대들의 믿음직한 울타리가 아니어라.
법의 믿음직한 덮개 아래로
먼저 머리를 숙이라.
그러면 민중의 자유와 안녕이
옥좌의 영원한 파수꾼이 될지니.

1817

크립초프*에게

Кривцову

사랑하는 벗이여, 가까운
무덤의 집들이로 우리를 겁주지 말라.
정말이지, 우리는 그런
하찮은 짓거리를 할 겨를이 없다.
식어 버린 생명의 잔은
다른 이가 천천히 내밀게 하라.
우리는 소중한 생명과 함께
우리의 젊음을 탕진해 버릴 테니.
우리는 저마다 제 무덤
문지방에 걸터앉아,
파포스의 여왕*에게서

* 니콜라이 크립초프(Николай Кривцов) : 푸시킨의 가장 가까운 지적 교류 대상 중 한 명으로, 자유주의 무신론자이자 삶에 대한 염세주의적 태도를 지녔다.

신선한 화관을 얻어 내고,
남는 순간은 믿음직한 무위의 집에서
둥근 술잔을 가득 채우리라.
그러고 나면 우리의 그림자는 무리를 지어
고요한 레테로 달려가리라.
우리의 죽음의 순간은 밝으리라.
개구쟁이들의 연인이
그들의 가벼운 재를 모아서
텅 빈 잔치 항아리에 담으리라.

1817

* 파포스의 여왕 : 아프로디테를 말한다. 그리스 신화에서 파포스(Paphos)는 키테라를 거친 아프로디테가 최종적으로 정착한 키프로스(Cyprus)섬의 해변이다. 고대 파포스는 아프로디테의 또 다른 성지로, 그녀를 모시는 가장 거대한 신전이 있었다. 여기에서 '파포스'는 사랑과 미의 절대적인 권위가 미치는 공간을 상징한다.

몽상가에게

Мечтателю

넌 비애에 찬 정열 속에서 쾌락을 찾는다.
　　　　눈물을 쏟고,
헛된 불길로 상상을 끓어오르게 하고,
고요한 우울을 가슴에 품는 게 너는 좋구나.
풋내기 몽상가여, 믿으라, 넌 사랑하는 게 아니다.
우울한 감정의 추구자여, 오, 만약
끔찍한 사랑의 광기가 널 덮치면,
사랑의 독약이 전부 네 핏속에서 끓어오르면,
잠 못 이루는 긴긴밤
침상에서 애수에 서서히 가슴이 찢기는 네가
　　　　기만적인 평안을 청하고
　　　　슬픔에 잠긴 눈을 감아도 소용이 없어
흐느끼며 뜨거운 이불을 끌어안고
열매 없는 열망의 광란 속에서 시들어 버리면,
　　　　믿으라, 그때가 오면 넌
　　　　헛된 염원을 품지 않겠지!
　　　　아니, 아니다! 그때가 오면 넌

눈물 속에 네 오만한 연인의 발치에 쓰러져,
미칠 듯 몸을 떨며 창백한 얼굴로
신들에게 부르짖겠지.
“신들이여, 내게 침울한 이성을 주소서,
이 숙명적인 모습을 내게서 거두소서!
사랑은 충분히 했으니 내게 평안을 주소서!”
그러나 암울한 사랑과 잊히지 않는 형상은
영원히 너와 함께하겠지.

1818

차다예프에게(사랑과 희망과 고요한 명예의 기만을)*

К Чаадаеву(Любви, надежды, тихой славы…)

사랑과 희망과 고요한 명예*의 기만을
우리는 오래 누리지 않았다.
꿈처럼, 아침 안개처럼
젊음의 유희는 사라졌다.
그러나 여전히 열망으로 타올라
숙명적인 권력의 압제 아래에서

* 이 시는 〈자유〉, 〈마을〉 등과 더불어 푸시킨의 가장 유명한 초기 정치시 중 한 편으로, 당대 청년 지식인들에게 큰 영향을 끼쳤다. 푸시킨이 단순한 서정 시인을 넘어 시대의 목소리가 되었음을 알리는 시다. 표트르 차다예프(Пётр Чаадаев)는 푸시킨의 벗이자 정신적 스승이었던 자유주의 사상가로, 시인에게 러시아 사회 문제에 대한 비판적 인식과 유럽의 자유주의 사상을 깊이 심어 준 인물이다.

* 고요한 명예 : 공적, 역사적 영광에 대비되는 개인적, 문학적 명성을 말한다.

초조한 마음으로 우리는
조국의 부름에 귀 기울인다.
사랑에 빠진 젊은이가
약속된 밀회의 순간을 기다리듯,
벅찬 기대로 애태우며 우리는
신성한 자유의 순간을 기다린다.
우리가 자유로 타오르는 동안,
심장이 명예를 위해 뛰는 동안,
영혼의 아름다운 충동을,
나의 친구여, 조국에 바치자!
동지여, 믿으라, 그것이,
황홀한 행복의 별*이 떠오르리라.
러시아가 잠에서 깨어나고
전제의 폐허 위에
우리 이름이 새겨지리라!

1818

* 황홀한 행복의 별 : 정치적 자유의 상징이다.

도리다

Дорида

도리다*의 금빛 찬란한 머리 타래도,
창백한 얼굴도, 푸른 눈도, 나는 좋았네….
어제, 나의 벗들이 벌인 밤의 주연을 떠나
그녀의 품속에서 나는 영혼으로 희열을 마셨네.
급격한 환희가 또 다른 환희로 이어지고
애욕은 갑자기 사그라들다 다시 타올라
나는 녹아내렸네. 그러나 믿지 못할 어둠 속에서
다른 사랑스러운 모습들이 내게 보여,
내 전부가 은밀한 슬픔으로 가득했고
내 입술은 낯선 이름을 중얼거렸네.

1819

* 도리다(Дорида) : 그리스 신화의 바다 여신 도리스(Doris)의 러시아어식 표기다. 감각적인 아름다움과 쾌락의 상징이다.

시골

Деревня

나의 인사를 받아 다오, 황량한 시골이여,
눈에 띄지 않는 내 나날의 물줄기가
행복과 망각의 품속에서 흘러가는
　평안과 노동과 영감의 안식처여.
나는 너의 것, 죄악에 물든 키르케의 궁전*과
호화로운 주연과 오락과 망상을 버리고
평화로운 참나무 숲 소리와 들판의 정적과
사색의 동반자인 무위의 자유를 나는 선택했노라.

　나는 너의 것, 시원하게 그늘지고

* 키르케의 궁전 : 도시의 부도덕하고 쾌락적인 삶의 비유다. 키르케(Circe)는 그리스 신화 속 마녀로, 마법의 약물과 지팡이를 사용하여 자신을 찾아온 인간들을 돼지나 다른 동물로 변신시키는 능력을 지녔다. 호메로스(Homer)의 서사시 〈오디세이(Odyssey)〉에 등장한다.

꽃이 핀 이 뜰을 사랑하노라,
반짝이는 개울이 덤불 속에서 수런대고
향기로운 낟가리가 쌓여 있는 이 초원을 사랑하노라.
눈앞은 어디나 활기찬 광경이어라.
어선의 돛이 이따금 희끗거리는
잔잔하고 푸른 두 호수가 여기에서 보이고,
호수 너머에는 연이은 언덕과 줄무늬 진 밭,
저 멀리 드문드문한 농가들,
젖은 기슭을 돌아다니는 가축 떼,
연기 나는 곡물 건조장과 풍차 달린 방앗간.
곳곳에 자리한 풍요와 노동의 흔적….

여기에서 나는 번잡한 세속의 속박에서 벗어나,
진리 속에서 행복을 찾고
자유로운 영혼으로 법을 숭배하고
우매한 군중의 넋두리에 귀를 닫고
소심한 간청에 동정으로 답하고
악당이나 바보가 누리는
부당한 위엄의 운명을 부러워하지 않는 법을 배우노라.

역대의 예언자들이여, 여기에서 그대들에게 묻노라!

위안을 주는 그대들의 목소리가
장엄한 정적 속에서 더욱 잘 들려
우울한 나태의 잠을 몰아내고
노동에 대한 열정을 내 안에 낳으니
그대들의 창조적 사색이
내 영혼 깊은 곳에서 익어 간다.

그러나 끔찍한 생각이 여기에서 영혼에 어둠을 드리우니
꽃피는 들판과 산에 둘러싸여
인류의 벗은 사방에 깔린 참혹한
무지의 수치를 슬프게 바라본다.
인간을 파멸시킬 운명을 타고난
냉혹하고 무법적인, 이곳의 야만적인 귀족은
눈물을 보지도, 신음을 듣지도 못하고,
농부의 노동도, 수확도, 시간도
횡포한 회초리로 제 것으로 만들었다.
남의 쟁기 위에 몸을 수그리고 채찍에 순종하는
이곳의 앙상한 노예는 매정한 주인의 고랑 위에서
힘겹게 발을 옮긴다.
이곳은 누구도 감히 희망과 애착을 마음에 품지 못한 채
힘겨운 멍에를 무덤까지 메고 가고,

무정한 악당의 충동을 위해
이곳의 어린 처녀는 꽃핀다.
늙어 가는 아비의 사랑스러운 버팀목,
노동의 동료인 젊은 아들은
고달픈 저택 농노의 무리를 늘리려고
오막살이 생가를 떠난다.
오, 내 목소리가 심장을 휘저을 수 있다면!
왜 내 가슴은 무익한 열기로 타오르고
운명은 추상같은 웅변의 재능을 내게 주지 않았는가?
오, 벗들이여, 억압에서 벗어난 민중과
차르의 명령으로 무너진 농노제를 나는 볼 텐가?
계몽된 자유의 아름다운 여명이
마침내 조국 위로 떠오를 텐가?

1819

도모보이에게

Домовому

평화로운 영지의 보이지 않는 수호자,
　　나의 선한 도모보이*여, 네게 비노니,
마을과 숲과 황량한 내 작은 뜰과
　　내 가족의 초라한 거처를 지켜 다오!
위험한 비의 한기와 가을 늦바람의 습격이
들판을 해치지 않게 해 다오!
　　　　이로운 눈이 들판의 축축한 옥토를
　　　　제때 덮게 해 다오!
은밀한 수호자여, 상속받은 그늘 속에 머물러
소심함으로 한밤의 도둑을 알아채고
　　　　적대적인 눈길로부터

* 도모보이 : 러시아 민간 신앙에서 집을 지키는 정령으로, 가문의 뿌리가 깃든 영지에 대한 시인의 애착과 평화로운 삶에 대한 갈망을 투영하는 대상이다.

행복한 작은 집을 지켜 다오!
집 주위를 돌며 살뜰히 살펴 다오!
내 작은 뜰과 졸음에 겨운 물기슭과
낡은 쪽문과 허물어진 울타리를 가진
이 외딴 텃밭을 사랑해 다오!
영감에 친숙하니, 푸른 산비탈과
내 게으른 방랑에 구겨진 초원과
서늘한 보리수 숲과 소란스러운 은신처인
단풍나무 숲을 사랑해 다오!

1819

루살카*

Русалка

호수 위, 깊은 떡갈나무 숲속에서,
언젠가 한 수도사가, 언제나
혹독한 수행 속에서, 단식과 기도와
노동 속에서 구원을 추구했네.
이미 장로는 순종하는 삽으로
자기 무덤을 파 놓고,
갈망하는 죽음을 달라고
성인들께 기도할 뿐이었네.

어느 여름 은자는

* 루살카 : 슬라브 민속 신화에 등장하는 물의 정령으로, 주로 익사하거나 비극적인 죽음을 맞은 여인의 영혼으로 여겨지며, 밤이나 해 질 녘 물가에 나타나 사람을 유혹하여 물속으로 끌어들여 익사시키는 위험하고 치명적인 존재다. 그리스 신화의 '사이렌(Siren)'이나 독일의 '로렐라이(Lorelei)'와 유사하다.

쓰러져 가는 오두막 문가에서
신에게 기도했네.
떡갈나무 숲의 어둠이 짙어지며
호수 위로 안개가 피어올랐고,
구름에 싸인 붉은 달이
조용히 하늘을 굴렀네.
수도사는 호수를 바라보았네.

그는 스스로 영문을 알 수 없이
자기도 모르게 겁에 가득 질려 바라보네….
물결이 부글부글 일더니
갑자기 도로 잠잠해졌네….
그리고 돌연… 밤그림자처럼 가볍고
언덕 위의 이른 아침 눈처럼 새하얀,
벌거벗은 여인이 물에서 나와
말없이 기슭에 앉았네.

여인이 늙은 수도사를 주시하며
젖은 머리를 빗네.
성스러운 수도사는 공포에 떨며
그녀의 아름다움을 바라보네.

그녀가 손짓으로 그를 부르며
빠르게 고개를 끄덕이네….
그러고는 갑자기, 유성처럼
졸음에 겨운 물결 속으로 모습을 감췄네.

수심에 잠긴 노인은 뜬눈으로 밤을 새우고
하루 종일 기도도 하지 못했네.
무의식적인 생각에 잠긴 그의 눈앞에
경이로운 처녀의 환영이 자꾸만 어른거렸네.
떡갈나무 숲이 다시 어둠에 덮였네.
달이 구름을 쫓아 떠나고
매혹적이고 창백한 처녀가
다시 물 위에 앉네.

그녀가 쳐다보며 고개를 끄덕이고,
멀리서 장난으로 입맞춤을 보내네.
물결을 철썩이며 놀고,
아이처럼 깔깔대다 울고,
부드럽게 신음하며 수도사를 부르네….
"신부님, 신부님! 내게로 오세요, 내게로…!"
그러더니 갑자기 투명한 물결 속으로 가라앉았고,

사위가 깊은 정적에 잠겼네.

셋째 날 정열에 불타는 은자는
황홀한 기슭에 가까이 앉아
아름다운 처녀를 기다렸네.
떡갈나무 사이로 그림자가 내려앉았네….
노을이 밤의 어둠을 몰아냈을 때,
수도사는 간데없고
물에 뜬 흰 수염만
아이들이 보았네.

1819

부활

Возрождение

천박한 화가가 졸린 붓으로
천재의 그림을 더럽히고,
그 위에 멋대로 제 그림을
무턱대고 그려 놓는다.

그러나 세월이 가면 낯선 물감은
낡은 비늘처럼 떨어지고,
천재의 작품이 우리 눈앞에
예전의 아름다움을 드러낸다.

그렇게 내 고단한 영혼에서
망상이 사라지고,
순수한 첫 시절의 환영이
그 속에서 떠오른다.

1819

남방 유배 시절

1820~1824

한낮의 천체가 지고*

Погасло дневное светило…

　한낮의 천체가 지고
푸른 바다에 저녁 안개가 내려앉았네.
　펄럭여라, 펄럭여라, 충실한 돛이여,
발밑에서 요동쳐라, 음울한 대양이여.
　먼 해변, 남방의
매혹적인 땅을 나는 보네.
추억에 취한 나…. 흥분과 애수를 안고
　그리로 달려가네.
또다시 두 눈에 눈물이 솟고
　영혼이 끓어오르다 사그라드네.
낯익은 염원이 주위를 날아다니고,

* 1820년 푸시킨이 자유주의적인 시 때문에 페테르부르크에서 남방으로 유배를 떠나던 시기에 쓴 시로, 러시아 '바이런주의'의 정수를 보여 준다.

옛 시절의 광포한 사랑을, 내게 고통을 안겼던 모든 것,
가슴에 소중한 모든 것, 열망과 희망의
괴로운 기만을 나는 떠올렸네….
　펄럭여라, 펄럭여라, 충실한 돛이여,
발밑에서 요동쳐라, 음울한 대양이여.
기만적인 바다의 사나운 변덕에 몸을 맡겨
달려라, 배야, 저 먼 땅으로 나를 데려가 다오.
　　그러나 다만 안개 자욱한 내 조국,
　　정열의 불길로 처음으로
　　감정이 타올랐던,
　　다정한 뮤즈들이 은밀히 내게 미소 지었던,
내 잃어버린 젊음이
　　폭풍우 속에 일찍 져 버린,
　　가볍게 날갯짓하는 기쁨이 나를 배반하고
차가운 심장을 고난에 내맡겼던 나라의
슬픈 해변으로는 데려가지 말라.
　　새로운 인상을 찾아서
　나는 너를 떠났네, 조국의 땅이여.
　나는 너희를 떠났네, 향락의 후예들이여,
덧없는 젊음의 덧없는 벗들이여.
그리고 너희들, 내가 사랑 없이 나를,

평안과 명예와 자유와 영혼을 바쳤던
부도덕한 일탈의 동반자였던 여인들이여,
배반의 처녀들이여, 너희들도 나는 잊었네.
내 찬란한 봄의 비밀스러운 연인들이여,
너희들도 나는 잊었네…. 그러나 가슴의 옛 상처,
사랑의 깊은 상처는 그 무엇도 치유하지 못했네….
　펄럭여라, 펄럭여라, 충실한 돛이여,
발밑에서 요동쳐라, 음울한 대양이여….

1820

아아, 왜 그녀는 덧없는

Увы! зачем она блистает…

아아, 왜 그녀는 덧없는
온화한 아름다움으로 빛나는가?
한창 생기로울 젊은 나이에
그녀는 눈에 띄게 시들어 가누나….
시들어 버리리라! 젊은 삶을
그녀는 오래 누리지 못할 운명.
행복한 가족의 기쁨이
오래도록 되지는 못할,
명랑하고 귀여운 말재간으로 우리 대화를
오래도록 생기롭게 하지는 못할,
고요하고 맑은 영혼으로 괴로운 영혼에
오래도록 기쁨을 주지는 못할 운명….
무거운 생각의 격동을 안고 나는
나의 우울을 감춘 채
유쾌한 말을 마음껏 듣고
마음껏 그녀를 보러 서둘러 가네.
그녀의 동작 하나하나 다 바라보고

말소리 하나하나 다 귀 기울이네.
이별의 한 순간이
나의 영혼에는 끔찍하네.

1820

헛된 사랑의 염원 속에서 흘러간

Мне вас не жаль, года весны моей…

헛된 사랑의 염원 속에서 흘러간
내 봄날의 해들이여, 나는 너희가 아쉽지 않다.
관능적인 피리가 노래한,
오, 밤의 신비여, 나는 너희가 아쉽지 않다.

신의 없는 벗들이여, 주연의 화관과
돌고 도는 술잔이여, 나는 너희가 아쉽지 않다.
배반의 처녀들이여, 나는 너희가 아쉽지 않다.
나 수심에 잠겨 유희를 멀리하네.

그러나 감동과 젊은 희망과 가슴의 고요의
순간들이여, 너희는 도대체 어디에 있는가?
예전의 열기와 영감의 눈물은 어디에 있는가?
다시 오라, 내 봄날의 해들이여!

1820

층층이 나는 구름이 옅어지고

Редеет облаков летучая гряда…

층층이 나는 구름이 옅어지고,
슬픈 별, 저녁별이여,
네 빛이 시든 평원과 꿈결에 젖은 만과
검은 바위산 꼭대기를 은빛으로 물들였네.
높은 하늘에서 은은하게 빛나는 네 빛을 사랑하네.
네 빛이 내 안에 잠든 상념을 일깨웠네.
낯익은 별이여, 모든 것이 가슴에 다정한,
늘씬한 백양나무가 골짜기에 솟아 있고
고운 도금양과 어두운 사이프러스가 졸고 있는,
남방의 파도가 달콤하게 철썩대는,
평화로운 땅 위로 떠오르던 네 모습을 나는 기억하네.
언젠가 그곳 산속에서 간절한 생각에 가득 찬 나는
바다를 바라보며 한가로운 사색의 나날을 보냈지.
밤그림자가 오두막 위로 내려오면
어린 소녀가 어둠 속에서 너를 찾아
친구들 속에서 제 이름으로 너를 불렀네.

1820

뮤즈
Муза

나 어릴 적 그녀는 나를 사랑해서
일곱 관대 피리를 내게 맡겼지.
그녀가 미소를 지으며 내게 귀 기울이면
나는 이미 속 빈 갈대의 낭랑한 구멍을 누르며
신들이 불어넣은 장엄한 찬가도
프리지아* 목동의 평화로운 노래도
여린 손가락으로 가볍게 연주했지.
아침부터 저녁까지 침묵하는 참나무 숲 그늘에서
나는 신비한 처녀의 가르침에 부지런히 귀 기울였네.
그러면 그녀는 우연한 상으로 나를 기쁘게 하며
아름다운 이마에 드리운 머리채를 쓸어 올리고

* 프리지아(Phrygia) : 고대 아나톨리아(Anatolia, 현재의 튀르키예 아시아 지역)의 서부 중앙 내륙에 있었던 왕국으로, 고전 시가에서 목가적 이상향이었다.

스스로 내 손에서 피리를 받아 들었지.
피리는 신의 숨결로 되살아나
성스러운 매혹으로 가슴을 가득 채웠네.

1821

나 살다 보니 희망을 잃었네

Я пережил свои желанья…

나 살다 보니 희망을 잃었네.
나 꿈을 접었네.
공허한 가슴의 결실,
고통만이 내게 남았네.

가혹한 운명의 폭풍 속에서
활짝 핀 나의 화환은 시들었네.
슬픔과 고독 속에 나 살며 기다리니
나의 종말이 곧 오려나?

늦가을 찬 서리 맞은
헐벗은 가지 위 뒤늦은 잎새는
울부짖는 겨울바람 소리에
홀로 파르르 떨고 있구나…!

1821

전쟁*

Война

전쟁이다! 명예로운 전투의 깃발이
마침내 솟구쳐, 바람에 펄럭인다!
나는 피를 보리라, 복수의 축제를 보리라.
파멸의 총탄이 내 주위를 윙윙대며 날아가리라.
나의 갈급한 영혼을 위한
강렬한 감흥이 얼마나 많을 것인가!
폭풍 같은 의용군의 돌격,
진영의 혼란, 칼 부딪는 소리,
숙명적인 전투의 불길 속에서
쓰러지는 전사들과 지휘관들!
장엄한 노래의 대상들이
나의 잠든 시혼을 깨우리라!

* 이 시는 오스만 제국에 맞선 그리스 독립 전쟁(1821~1829)에 대한 당대 러시아 지식인들의 열띤 공감이 중요한 창작 동기 중 하나다.

천막의 소박한 그늘, 적들의 불빛, 그들의 낯선 외침,
　저녁의 북소리, 대포의 우렛소리,
포탄의 쉿소리, 그리고 무시무시한 죽음의 기다림.
　　모든 것이 내게 새로우리라.
눈먼 명예욕이여, 네가 내 안에서 깨어나는 것이냐,
파멸에의 갈망, 영웅들의 맹렬한 열기, 너인 것이냐?
이중의 월계관*이 내 몫으로 주어지려나,
아니면 전투의 운명은 내게 어두운 최후를 선고했는가?
모든 것이 나와 함께 죽으리라. 젊은 날의 희망도,
성스러운 심장의 열기도, 숭고를 향한 열망도,
형제의 추억도, 벗들의 추억도,
덧없는 창조적 사고의 파동도.
그리고 너, 그리고 너, 사랑도…? 정녕 전투의 소란도,
전쟁의 노고도, 오만한 영광의 속삭임도,
아무것도 나의 익숙한 상념을 잠재우지 못할 것인가?
　　나는 사악한 독약의 희생자가 되어 스러진다.

* 이중의 월계관 : 전쟁 영웅의 월계관과 불멸의 시를 남기는 시인의 월계관을 말한다.

평안은 달아나고, 나는 나를 가눌 힘이 없다.
무거운 나태가 영혼을 사로잡았다….
　　어찌하여 전쟁의 공포는 머뭇대는가?
어찌하여 첫 전투는 아직도 끓어오르지 않는가…?

1821

단검

Кинжал

불멸의 네메시스*의 손을 위하여
렘노스의 신*이 너를 벼렸도다,
자유의 은밀한 파수꾼, 징벌의 단검이여,
수치와 모욕의 최후 심판자여.

제우스의 천둥이 침묵하는 곳에서, 법의 칼이 잠자는 곳에서,
너는 저주와 희망의 집행자로다.
너는 옥좌의 그늘 아래, 축제 의상의

* 네메시스(Nemesis) : 그리스 신화에서 신적인 복수와 응보를 주관하는 여신이다.

* 렘노스의 신 : 그리스 신화의 불의 신이자 대장장이인 헤파이스토스(Hephaestus)를 말한다. 렘노스(Lemnos)섬에 거주했다.

광채 아래 숨어 있구나.

지옥의 섬광처럼, 신들의 번개처럼,
말 없는 칼날이 악당의 눈앞에서 번쩍이고,
자신의 향연 중에 그는 주위를
두리번거리며 떤다.

너의 예기치 않은 일격은 어디서든 그를 찾아내리라.
육지에서든, 바다에서든, 성전에서든, 장막 아래에서든,
비밀의 성벽 너머에서든,
침상에서든, 친족의 품속에서든.

카이사르의 발아래에서 금단의 루비콘강이 요동치고,*

* 카이사르의 발아래에서 금단의 루비콘강이 요동치고 : 기원전 49년 율리우스 카이사르(Julius Caesar)가 이 강을 건너가 집정관인 폼페이우스(Gnaeus Pompeius Magnus)를 멸망시켰다. 로마 공화정 시대의 법은 사령관이 군대를 이끌고 이탈리아 본토로 진입하는 것을 금지했으며, 루비콘(Rubicon)강이 바로 그 경계선이었다. 카이사르가 루비콘강을 건넌 행위는 로마 공화정 법에 대한 도전이자 내전

강대한 로마가 무너지고 법이 고개를 숙였다.
그러나 자유를 사랑하는 브루투스가 일어섰으니,
네가 카이사르를 쳤고, 그는 죽어서 폼페이우스의
오만한 대리석상을 껴안고 있네.*

반란의 소산*이 사악한 외침을 내지른다.
목 없는 자유의 시신 위로
비열하고 음침하고 피투성이인
추악한 형리가 나타났다.

파멸의 사도*는 지친 하데스*에게

선언이다.

* 오만한 대리석상을 껴안고 있네 : 카이사르가 암살당해 쓰러진 곳은, 자신이 내전에서 패배시키고 죽게 만든 라이벌 폼페이우스의 대리석상 발치였다.

* 반란의 소산 : 혁명이나 반란의 혼란한 시기가 낳은 가장 사악하고 부정적인 결과인 독재자나 새로운 폭정을 말한다.

* 파멸의 사도 : 프랑스 혁명의 주동 인물인 장폴 마라(Jean-Paul Marat)를 암시한다.

손짓으로 제물을 가리켰지만,
지고한 심판이 그에게 너와
처녀 에우메니데스*를 보냈다.

오, 숙명의 선택을 받은 젊은 의인이여,
오, 잔드*여, 너의 생은 단두대에서 스러졌으나,
성스러운 덕행의 목소리는
처형당한 유해 속에 남았도다.

너는 네 조국 독일에서 영원한 그림자가 되어
죄악의 세력을 재앙으로 위협하고,
네 엄숙한 무덤 위에는

* 하데스(Hades) : 그리스 신화의 지하 세계의 신.

* 에우메니데스(Eumenides) : '자비로운 자들'이라는 뜻으로, 그리스 신화 속 복수의 세 여신인 에리니에스(Erinyes)의 완곡한 이름이다. 마라를 암살한 샤를로트 코르데(Charlotte Corday)를 암시한다.

* 카를 잔드(Karl Sand) : 자유주의 사상을 탄압하던 독일 작가 아우구스트 폰 코체부(August von Kotzebue)를 암살한 학생이다.

비문 없이 단검이 타오른다.

1821

나의 잉크병에게

К моей чернильнице

한가한 명상의 연인,
나의 잉크병이여,
나의 다채로운 세월을
나는 너로 장식했네.
얼마나 자주 유흥의 벗은
약속된 숙취의 시간과
축제의 잔을
너와 함께 잊었던가.
소박한 오두막의 그늘 아래,
나른한 슬픔의 시간에
등불과 염원과 함께
너는 내 앞에 있었다.
영감의 순간들에
나는 네게 달려와
상상의 향연에
뮤즈를 불렀네.
투명하고 가벼운 연기가

네 위를 감돌았고,
생생한 떨림과 더불어
그 속에서 연이어 빠르게
…*
나의 보물들이
너의 바닥에 숨어 있네.
나는 너를
한가로운 활동에 바쳐
게으름과 화해시켰지.
게으름은 너의 벗.
무명의 은둔자는
너와 함께 성공을 알았네….
너의 성스러운 수정은
천상의 불길을 간직하네.
저녁 무렵, 수첩 위를
서성이는 펜은

* 이 부분에서 약 40행이 유실되었다.

축 늘어진 노력 없이도
내 시구의 마무리와
표현의 진실함을
네 안에서 찾아내네.
때로는 소리나 낱말의
예기치 않은 합치이고,
때로는 신랄한 농담의 정수이고,
때로는 준엄한 진실의 문체이며,
또 때로는 그때껏 들어 본 적 없는
새로운 운율의 기묘함이라네.
나는 어리석은 자들의 옷을 벗기고,
네 잉크의 얼룩으로
조일루스*와 무식쟁이에게
유쾌하게 낙인을 찍었네….
그러나 은밀한 악의의 거품으로도
비방의 독으로도

* 조일루스(Zoilus) : 호메로스를 부당하게 비난한 고대 그리스의 비평가로, 악의적이고 질투심 많은 비평가의 상징이다.

그들을 갈라놓지 않았네.
가슴의 순진함을
아첨으로도, 배신으로도
너는 더럽히지 않았네.

그러나 여기, 게으름의 품속에서
나는 다정한 벗들의
부드러운 책망이 들리네….
정녕 내가 그들을,
내 영혼의 벗들을 잊으랴,
그들에게 신의를 저버리랴?
늘 하던 시적 고심을,
닥틸도, 호레이도*
편지글의 산문을 위해
내려놔라, 가끔은 내려놔라.
차가운 권태,

* 닥틸도, 호레이도 : 러시아 시 운율의 종류로, 닥틸(дактиль)은 '강약약'격, 호레이(хорей)는 '강약'격이다.

가슴의 공허의 순간들을,
이별의 우울을,
늘 품는 염원들을,
나의 희망을, 감정을,
아첨 없이, 기교 없이
종이에 전해라….
격식 없는 변덕스럽고도
다정한 수다로
그들의 마음을 달래라….

　자연의 태평한 아들인 내가
황금 세월을
망각 속에서 허비하는 동안,
마음을 터놓는 나의 연인이여,
나와 떨어지지 말고
행복하게 살아 다오.

　지옥의 기슭이
영원히 나를 데려갈 때,
나의 위안인 펜이
영원히 잠들게 될 때,

너는, 텅 빈 구석에서
홀로되고는, 차갑게 식어
시인의 고요한 집을
영원히 떠나겠지….
나의 소중한 벗 체다예프*가
슬픔에 잠겨 널 데려갈 테니,
사랑하는 옛 시절의 벗에게
마지막 인사가 되어 다오.
메말라 텅 빈 채,
그의 두 그림 사이에
영원히 말없이 남아
그의 벽난로를 장식해 다오.
까다로운 세인의
시선을 끌지 말고,
하지만 진실한 시인을
벗들에게 떠올려 다오.

1821

* 체다예프 : 표트르 차다예프를 말한다.

차다예프에게(내가 지난날의 불안을 잊은 땅에서)

Чаадаеву(В стране, где я забыл тревоги прежних лет…)

내가 지난날의 불안을 잊은 땅에서,
오비디우스의 황량한 유적*이 나의 이웃인 곳에서,
명성이 나에게는 작은 관심거리일 뿐인 곳에서,
나의 지친 영혼은 그대를 그리워하네.
갑갑한 상황과 속박의 적인 나에게,
쓸모없는 지성이 빛나지만 가슴은 졸고
열렬한 진리를 예의의 한기가 감싸는
연회에서 멀어지는 것은 어렵지 않았네.

* 오비디우스의 황량한 유적 : 푸시킨이 유배당한 흑해 연안은 고대 로마 시인 푸블리우스 오비디우스 나소(Publius Ovidius Naso)가 추방당해 생을 마감한 토미스(Tomis)와 가까워, 푸시킨은 자신을 오비디우스와 동일시한다.

떠들썩한 젊은 광란의 무리를 떠나,
나의 추방 속에서 나는 그들을 아쉬워하지 않았네.
한숨을 내쉬고 나는 다른 착각들도 버렸고,
나의 적들을 망각의 저주에 내맡겼네.
내가 포로로 몸부림치던 그물을 찢고서
나는 가슴에 새로운 고요를 맛보네.
고독 속에서 제멋대로인 나의 시혼은
고요한 작업도 사색의 갈망도 알게 되었네.
나의 하루를 내 뜻대로 쓰네. 지성은 질서와 친하고,
나는 긴 명상에 집중하는 법을 배우네.
반항의 젊음으로 잃어버린 시절을
자유의 품속에서 보상하고
계몽에서 시대와 나란히 서려 하네.
평화의 여신들, 뮤즈들이 다시 내게 나타나
자유로운 여가에 미소를 짓자
내던졌던 피리에 나의 입술이 닿았네.
옛 소리가 나를 기쁘게 해, 다시 나는
나의 꿈과 자연과 사랑을 노래하네.
신실한 우정도, 누구도 아직 나를 모르던 어릴 적,
근심도 목적도 체계도 모른 채
장난과 게으름의 안식처와

차르스코에 셀로의 보호의 그늘을
노래로 울리던 그 시절,
나를 매혹하던 소중한 대상들도 노래하네.

그러나 우정은 내 곁에 없네. 슬픔에 젖어 나는
타향의 푸른 하늘과 한낮의 땅을 보네.
뮤즈도, 작업도, 여가의 기쁨도,
그 무엇도 유일한 벗을 대신하진 못하리라.
그대는 내 영혼의 힘을 알아주는 이였네.
오, 변함없는 벗이여, 운명으로 이미 겪은
짧은 생도, 그대 덕분에 구원받았을
감정도 나는 그대에게 바쳤네!
한창 젊은 날의 내 가슴을 그대는 알았네.
그 후 정열의 물결 속에서 고통에 지친
내가 남몰래 번민하는 것을 그대는 보았네.
감추어진 심연 위의 파멸의 순간에
그대는 잠들지 않는 손으로 나를 떠받쳤네.
그대는 벗에게 희망과 평안을 대신했네.
그대는 준엄한 시선으로 영혼을 깊숙이 꿰뚫어 보며
충고나 질책으로 소생시켰네.
그대의 열기가 고귀한 것에 대한 사랑에 불을 붙여

담대한 인내가 내 안에서 다시 태어났네.
이미 비방의 목소리는 나를 모욕할 수 없었고,
나는 증오에 더해 멸시할 줄도 알았네.
존귀한 노예*의, 별을 단 무식쟁이의,
아니면 예전에는 방탕으로 온 세상을
놀라게 했다가 스스로를 계몽한 후
자신의 수치를 씻어 낸 철학자의
장엄한 심판이 내게 무슨 소용이었겠는가?
술을 끊고 도박판의 도둑이 된 것인가?
누구도 주목하지 않는 웅변가 루지니코프*의
해 될 것 없는 악담은 나를 별로 화나게 하지 않았네.
내가 그대의 우정을 자랑할 수 있었을 때,
경솔한 자들 사이에 떠도는 소문에 대해, 부인들과
비평꾼들과 멍청이들이 지껄이는 소리에 대해 불평하고,

* 존귀한 노예 : 황제에게 맹목적으로 복종하는 고위 관료에 대한 비하다.

* 루지니코프 : 지성은 부족하고 말만 많은 인물을 풍자적으로 표현한 이름이다. 웅덩이, 진흙을 의미하는 '루자(лужа)'에서 유래했다.

헛소문의 장난스러운 의도를 따져야 했을까?
신들에게 감사하네. 나는 암울한 길을 거쳤네.
때 이른 슬픔이 나의 가슴을 옥죄었네.
나는 슬픔에 익숙해져 운명과 셈을 치렀고
극기의 정신으로 삶을 견뎌 내리라.

내 소망은 단 하나니, 그대는 나와 함께 머물러 주오!
나는 다른 기도로 하늘을 괴롭히지 않았네.
오, 나의 벗이여, 이별의 시간이 곧 오려나?
언제 우리는 사랑의 말을 나누며 손을 맞잡으려나?
언제 나는 그대의 진심 어린 인사를 듣게 되려나?
어떻게 그대를 안을까! 그대가 언제나 현자이고,
때로는 몽상가이자 경솔한 무리에 대한
무심한 관찰자인 곳인 서재를 나는 보리라.
두문불출하는 내 소중한 사람아, 나 가리라, 다시 가서
지난날의 대화를, 청춘의 밤을,
예언의 논쟁을, 고인이 된 지인들의
생기 넘치는 말을 그대와 추억하리라.
논쟁하세, 다시 읽으세, 판단하세, 질책하세,
자유에 대한 사랑의 희망을 되살리세,
그러면 나는 행복하리라. 하지만, 제발, 그대는

셰핑*만은 우리 문지방에서 쫓아내 주오.

1821

* 드미트리 셰핑(Дмитрий Шепинг) : 푸시킨, 차다예프의 친구였다.

자연이 참나무 숲과 초원을

Кто видел край, где роскошью природы…

자연이 참나무 숲과 초원을
화려하게 되살린 땅을 누가 보았나?
물결이 흥겹게 술렁대고 반짝이며
평화로운 기슭을 어루만지는 땅을 누가 보았나?
쓸쓸한 눈이 산 위 월계수 아치 아래로
감히 내려앉지 못하는 땅을 누가 보았나?
말해 주오, 이름 없는 추방자인 내가 사랑을 했던
매혹적인 땅을 누가 보았나?

금빛 찬란한 땅이여! 엘비나*가 사랑한 곳이여,
나의 소망은 네게로 날아가네!
절벽 기슭의 여울을 나는 기억한다.

* 엘비나 : 시인이 크림반도에서 누렸던 짧은 행복과 사랑을 상징하는 가상의 이름이다.

유쾌한 물살도, 그늘도, 소음도,
손님을 반기는 지붕 아래에서
소박한 타타르 가족이 염려 속에
서로 우애하며 고요하게 사는
붉은 골짜기도 나는 기억한다.

타타르의 뜰, 마을, 도시,
거기는 전부 생기롭네, 거기는 다 눈의 기쁨이어라.
거대한 바윗덩이가 물결에 어리고
드넓은 먼바다에서 배들이 사라지고
포도나무 줄기에 호박이 매달리네.
초원을 돌아다니는 가축 떼가 떠들썩하네….
석양에 물든 미트리다테스*의 무덤을
뱃사람이 바라보네.

쓰러진 유골함 위에서 도금양이 술렁대는 그곳에서,

* 미트리다테스 6세(Mithridates VI) : 고대 폰투스의 왕으로, 로마에 맞서 흑해 패권을 다퉜던 영웅이다.

바위 돌도, 바다의 푸른 광채도,
기쁨같이 밝은 하늘도
어두운 숲을 뚫고 나 다시 보려나?
격렬한 삶의 파동이 멎으려나?
지난날의 아름다움이 되살아나려나?
평화로운 무위의 품속에서 영혼이 가라앉도록
달콤한 그늘 아래로 나 다시 오려나?

1821

나는 곧 침묵하리라 그러나 만약 슬픔의 날에

Умолкну скоро я. Но если в день печали…

나는 곧 침묵하리라. 그러나 만약 슬픔의 날에
현들이 수심 어린 선율로 내게 화답했다면,
그러나 만약 청년들이 말없이 나에게 귀 기울이며
내 오랜 사랑의 고통에 놀라워했다면,
그러나 만약 너 자신이 감동에 젖어
고요 속에서 슬픈 시구를 읊조리며
내 가슴의 열렬한 언어를 사랑했다면,
그러나 만약 나 사랑받고 있다면, 오, 사랑하는 벗이여,
허락해 다오, 아름다운 연인의 소중한 이름으로
작별의 리라 소리에 생기를 불어넣도록 허락해 다오.
죽음의 잠이 영원히 나를 감싸거든,
내 유골함 위에서 감동에 젖어 말해 다오.
그는 내게 사랑받았노라고, 노래도 사랑도
마지막 영감을 그는 내게 빚졌노라고.

1821

나의 벗이여, 지난 시절의 흔적과

Мой друг, забыты мной следы минувших лет…

나의 벗이여, 지난 시절의 흔적과
내 젊음의 격랑을 나는 잊었다.
이미 없는 것에 대해, 내 슬픔이 되고 향락이 된 것에 대해,
내가 사랑한 것에 대해, 나를 배반한 것에 대해
　　나에게 묻지 마라.
나는 충만한 기쁨을 맛보지 못할지라도,
너는, 순결한 여인이여, 너는 행복을 위해 태어났다.
아무 걱정 말고 행복을 믿어라, 날아가는 순간을 붙잡아라.
우정을 위해, 사랑을 위해, 관능의 입맞춤을 위해
　　너의 영혼은 살아 있다.
너의 영혼은 순수하니 우울을 모르고,
아이의 양심은 맑은 날처럼 밝다.
무엇 하러 광기와 정열의 흥미롭지 못한 이야기에
　　네가 귀를 기울여야 하느냐?
너의 고요한 정신이 무심결에 혼란해져서

눈물이 흐르고 심장이 떨리게 될 거야.
순진한 영혼의 낙천성이 사라져
아마 너는 내 사랑이 섬찟할 거야.
아마 영원히…. 아니, 나의 사랑하는 사람아,
나는 마지막 기쁨을 잃을까 두렵다.
나에게 위험한 고백을 요구하지 마라.
오늘 나는 사랑하고, 오늘 나는 행복하다.

1821

오비디우스에게

К Овидию

오비디우스여, 언젠가 그대가 유배당한
선조의 신들을 모셔 와서는 그대의 재를 남겼던
고요한 기슭 가까이 나 살고 있네.
그대의 위안 없는 울음이 이 고장을 이름나게 했고
리라의 부드러운 목소리가 아직도 그치지 않아
이 땅끝은 여전히 그대의 명성으로 가득하구나.
암울한 황무지, 시인의 유폐지를,
안개 낀 하늘의 둥근 천장을, 일상으로 날리는
눈발과 짧은 온기에 녹은 초원을
그대는 내 상상 속에 생생하게 새겨 놓았네.
슬픈 현의 연주에 이끌려, 오비디우스여,
내 가슴은 얼마나 자주 그대를 뒤따랐던가!
거대한 파도의 장난감이 된 그대의 배와,
잔혹한 포상이 사랑의 시인*을 기다리는
야만적인 기슭 가까이에 던져진 닻을 나는 보았네.
그곳의 들판은 그늘 한 점 없고, 언덕은 포도나무 한 그루 없네.

전쟁의 참화를 위해 눈 속에서 태어난
그곳 차가운 스키티아의 사나운 아들들*은
이스토르강* 너머에 숨어 전리품을 노리며
매 순간 마을들을 습격의 위협에 떨게 하네.
그들에게 장애물은 없으니, 그들은 물결을 헤쳐 나가고
소리 나는 얼음 위를 두려움 없이 걸어가네.
그대 자신이(놀라워해라, 나존*이여, 뒤바뀐 운명에 놀라워해라!),
그대가, 젊은 시절부터 전사의 삶의 격랑을 경멸한 채

* 사랑의 시인 : 오비디우스를 지칭하는 흔한 별명 중 하나다. 그의 초기 걸작들은 주로 사랑을 주제로 다루었다.

* 스키티아의 사나운 아들들 : 스키티아(Scythia) 지역에 살았던 스키타이(Scythai) 유목 민족을 가리킨다. 스키티아는 흑해 북부 해안의 광활한 지역을 일컫는 고대 지명이다. 로마 시인 오비디우스가 유배당한 토미스는 스키티아의 경계선 근처, 즉 로마 문명의 끝자락에 있었다.

* 이스토르강 : 다뉴브(Danube)강의 고대 그리스-로마 시대 이름이다. 고대 로마 시대에 다뉴브강은 로마 제국의 문명 세계와 야만적인 북방 유목 민족(스키타이족)의 세계를 나누는 경계선이었다.

* 나존 : 오비디우스의 성(가문명) '나소(Naso)'의 러시아어 표기다.

머리에 장미 화관을 쓰고 안일 속에서
태평한 시간을 보내는 습관에 젖어 있던
그대가, 무거운 투구를 쓰고 무서운 검을
겁에 질린 리라 옆에 간직해야 하리라.
딸도, 아내도, 신실한 벗들의 무리도,
뮤즈였던 지난날의 가벼운 연인들도
유배된 가인의 슬픔을 달래지 못하리라.
헛되이 그라티아*들이 그대의 시에 화관을 씌웠고,
헛되이 젊은이들이 그대의 시를 암송하네.
명성도, 세월도, 탄원도, 슬픔도,
소심한 노래들도 옥타비아누스*를 움직이지 못하리니
그대 노년의 날들은 망각 속에 가라앉으리라.
황금빛 이탈리아의 호화로운 시민이었던 그대는
야만족의 나라에서 이름 없이 홀로 남겨져

* 그라티아(Gratiae) : 그리스 신화의 '카리테스'와 동일시되는 로마 신화의 여신들이다.

* 옥타비아누스(Octavianus) : 오비디우스를 추방한 로마의 초대 황제 아우구스투스(Augustus)가 황제가 되기 이전에 사용한 이름이다.

주위에서 조국의 소리를 듣지 못한 채
무거운 슬픔 속에서 먼 벗들에게 편지를 쓰네.
"오, 선조들의 성스러운 도시와 대대로 물려받은
정원의 평화로운 그늘을 나에게 돌려주오!
오, 벗들이여, 아우구스투스에게 나의 간청을 올려 주오,
징벌하는 그 손을 눈물로 돌려세워 주오,
하지만 만일 분노한 신이 지금까지도 가차 없어,
위대한 로마여, 평생 내가 널 보지 못하거든,
마지막 간청으로 끔찍한 운명을 누그러뜨려
나의 무덤이나마 아름다운 이탈리아에 가까이 있게 해 주오!"
누구의 차가운 심장이 카리테스를 경멸하고
그대의 우울과 눈물을 꾸짖겠는가?
그대가 부질없는 신음을 후세에 전한
이 엘레지들, 마지막 작품들을
누가 무례한 오만에 차서 감동 없이 읽겠는가?

강인한 슬라브인인 나는 눈물을 흘리진 않았으나
그 눈물을 이해하네. 세상도 자신도 삶도
불만이라, 자발적 추방자가 된 나는
언젠가 그대가 슬픈 세월을 보냈던 나라를

깊은 상념에 잠겨 지금 찾아왔네.
이곳에서 그대 덕분에 상상 속 환상들을 되살리고서,
나는, 오비디우스여, 그대의 노래들을 되풀이 읊고
그 슬픈 광경들을 대조해 보았네.
하지만 시선은 기만당한 염원들*을 배반했네.
음울한 북방의 설경에 익숙해진 내 눈을
그대의 유배 생활은 은밀히 매료했네.
이곳엔 푸른 하늘이 오래 빛나고,
이곳엔 겨울 폭풍의 혹독함이 잠시 군림하네.
스키타이 해안에 새로이 이주한
남방의 아들 포도나무가 보랏빛으로 빛나네.
찌푸린 12월은 벌써 러시아의 초원에
솜털 같은 눈을 층층이 펼쳐 놓아,
거기엔 겨울이 숨 쉬었는데, 봄의 온기와 함께
여기선 밝은 태양이 내 머리 위를 굴러갔네.
시들었던 초원에 어린 풀잎이 아른거렸고,

* 기만당한 염원들 : 현실을 왜곡하게 만드는 헛된 환상이나 공상을 의미한다.

자유로운 밭을 벌써 이른 쟁기가 갈았네.
은은한 산들바람이 저녁이 되면 차가워졌고,
가까스로 투명한 얼음이 호수 위에서 희미해지며
고요한 물결을 수정으로 덮었네.
그대의 소심한 시도를, 처음으로
그대가 겨울에 갇힌 물결에 머뭇머뭇
걸음을 내맡겼던, 날개 돋친 영감으로
새겨진 그날을 나는 떠올렸네….
그러자 내 눈앞에서 새로 언 얼음 위로 그대의 그림자가
미끄러져 가고, 이별의 나른한 신음 같은
애절한 소리가 멀리서 들려오는 듯했네.

위안받으라, 오비디우스의 면류관은 시들지 않았노라!
아아, 군중 속에 파묻힌 가인인
나는 새로운 세대에게 잊힐 것이고,
슬픈 삶과 함께, 찰나의 소문과 함께,
나의 미약한 재능은 어둠의 제물이 되어 스러지리라…!
그러나 만일, 나의 먼 후손이 나에 대해 알게 되어,
이 외딴 나라에 있는 영광스러운 유해 옆에서
내 외로운 흔적을 찾으러 온다면,

망각의 기슭에 드리운 차가운 그늘을 떠나
나의 감사하는 그림자는 그에게로 날아갈 것이고,
그의 회상은 나에게 달콤한 위로가 되리라.
소중한 전설은 보존될지어다.
그대처럼 적대적인 운명에 순응하며
명성이 아닌 숙명으로 나는 그대와 동등했노라.
두나이강* 기슭에서 고결한 그리스인*이
자유를 부르짖던 날들에, 나는 북방의 리라로
황무지를 울리며 이곳을 방랑했고,
내게 귀 기울여 주는 벗은 세상에 단 하나도 없었네.
하지만 낯선 언덕과 들판, 졸음에 겨운 숲과
평화로운 뮤즈들은 나에게 다정했네.

1821

* 두나이강 : 다뉴브강의 슬라브어권 명칭이다.

* 고결한 그리스인 : 그리스 독립 전쟁의 영웅이자 지도자였던 알렉산드로스 입실란티스(Alexander Ypsilantis)를 가리킨다.

바실리 라옙스키*에게
B. Ф. Раевскому

그대가 옳다, 나의 벗이여, 부질없이 나는
　은혜로운 자연의 선물을 경멸했어.
뮤즈의 태평한 운명인 한가로움과
　나른한 게으름의 향락을,

라이스*의 아름다움과 은밀한 향연과
　광포한 기쁨의 외침을,
평화로운 뮤즈들의 찰나의 선물도,

* 바실리 라옙스키(Василий Раевский) : 시인이자 데카브리스트 운동의 선구자였던 군인으로, 푸시킨의 정치적 동지이자 문학적 동료였던 인물이다. 푸시킨은 키시뇨프에 유배되었을 때, 그곳에 주둔하며 비밀 결사 활동에 참여하고 있던 라옙스키를 만나 가깝게 지냈다.

* 라이스(Lais) : 고대 그리스의 유명한 헤테이라(Hetaira, 기녀)의 이름으로, '쾌락'을 상징하는 고전적 비유다.

떠들썩한 명성의 속삭임도, 나는 알았지.

나는 우정을 맛보아서, 젊은 삶의
바람 같은 시절을 우정에 바쳤고,
유흥과 자유의 시각들에
술잔을 돌리며 우정을 믿었네.

나는 사랑을 겪었네. 암울한 애수가 아니라,
희망 없는 망상이 아니라,
내가 알았던 사랑은 매혹적인 꿈이요,
매료요 황홀경이었지.

젊은 대화의 광채와 소란을 떠나
나는 노고도 영감도 알았고,
뜨거운 사색의 고독한 흥분이
나는 달콤했네.

하지만 다 지나갔다! 심장의 피가 식었어.
세상도, 삶도, 우정도, 사랑도,
이제 나는 그 벌거벗은 모습을 보며
암울한 경험을 증오하네.

활달한 기질이 제 자극을 잃고,
　영혼이 시시각각 굳어가네.
영혼에는 이미 감정이 없어. 그렇게 가벼운 참나무잎은
　캅카스의 샘물 속에서 돌이 되어 가네.

매혹적인 우상의 가면을 벗기니
　추악한 환영이 보이네.
하지만 무심하고 무익한 영혼의 차가운 평화를
　도대체 이제 무엇이 뒤흔드는가?

정녕 예전에는 그것이 내게
　그토록 웅대하고 아름다워 보였던가,
정녕 이 치욕의 심연 속에서 내가
　맑은 마음으로 즐거워했던가!

젊은 광인은 그 속에서 도대체 무엇을 보았던가,
　무엇을 찾고, 무엇을 갈망했던가,
고결한 영혼으로 누구를, 도대체 누구를
　부끄러움도 모르고 신성시했던가!

차가운 군중 앞에서 나는
자유로운 진리의 언어로 말했지만,
하찮고 귀먹은 군중에게는
가슴의 고귀한 목소리가 우습네.

도처에 멍에, 도끼, 아니면 왕관,
도처에 악당 아니면 소심한 자,
어디나 인간은 폭군이거나 아첨꾼이거나,
아니면 편견에 순종하는 노예인 것을.

1822

수인

Узник

창살 너머 어둡고 축축한 감옥에 나 앉아 있네.
가두어 기른 어린 독수리,
내 슬픈 동무가 날개를 퍼덕이며
창 밑에서 피 묻은 모이를 쪼네.

나와 같은 생각을 품은 듯,
쪼고 뱉고는 창밖을 보네.
눈길로 나를 부르고 울음소리로
말하려 하네. "함께 날아가자!

우리는 자유로운 새야. 때가 되었어, 형제여, 때가!
먹구름 너머 하얀 산이 보이는 곳으로,
푸른 하늘과 바다가 어우러진 곳으로,
바람만이 노니는 곳으로…. 나도…!"

1822

파도여, 누가 너희를 멈추게 했나?

Кто, волны, вас остановил...

파도여, 누가 너희를 멈추게 했나?
누가 너희의 힘찬 질주를 쇠사슬로 묶었는가?
누가 반항적인 물줄기를
말 없는 침침한 연못으로 바꾸어 놓았는가?
누구의 마법 지팡이가 내 안의
희망과 슬픔과 기쁨을 깨뜨리고
격렬한 영혼과 젊은 날을
게으름의 잠으로 재워 버렸는가?
세차게 불라, 바람이여, 물을 휘저으라,
파멸적인 요새를 부수라!
폭풍우여, 자유의 상징이여, 너는 어디 있는가?
억압당한 물결 위로 질주하라.

1823

언젠가 영혼이 부패를 면하고 영원한 생각을

Надеждой сладостной младенчески дыша…

언젠가 영혼이 부패를 면하고 영원한 생각을,
기억도, 사랑도 끝없는 심연 속으로 가져가리라고,
아이처럼 달콤한 희망으로 숨 쉬며
만일 내가 믿었더라면, 맹세하건대,
일찍이 나는 이 세상을 떠났으리라!
꼴사나운 우상인 삶을 부수어 버리고
자유와 향락의 나라로, 죽음이 없고
편견이 없는, 깨끗한 하늘에서 생각 하나만이
흘러가는 나라로 날아갔으리라….

그러나 나는 헛되이 기만적인 염원에 젖어 있고,
내 머리는 완강하게 희망을 경멸하네….
무가 무덤 너머에서 나를 기다리네….
어떻게, 아무것도 없단 말인가! 생각도, 첫사랑도!
나는 두렵네…! 나는 다시 슬픔에 젖어 삶을 바라보고,
사랑스러운 모습이 내 침울한 영혼 속에 오래도록

숨어서 타오르도록, 나는 오래 살고 싶네.

1823

악마

Демон

존재의 모든 인상이,
처녀들의 시선도, 참나무 숲의 소란도,
밤이면 나이팅게일의 노래도
나에게 새롭던 날들,
숭고한 감정이,
자유와 영광과 사랑이,
또 영감에 찬 예술이
그토록 강렬하게 피를 끓게 하던 날들,
그 시절에 어떤 사악한 정령이
희망과 환희의 시간에
갑작스러운 애수의 그늘을 드리우며
남몰래 나를 찾아오기 시작했다.
우리의 만남은 슬픈 것이었다.
그의 미소, 기이한 눈빛,
그의 신랄한 말이
영혼에 차가운 독을 부어 넣었다.
끝없는 비방으로 그는

신의 섭리를 시험했다.
그는 아름다움을 몽상이라 불렀고,
영감을 경멸했으며,
사랑과 자유를 믿지 않았다.
그는 삶을 조소하며 바라보았고,
자연의 그 무엇도
축복하려 하지 않았다.

1823

나는 황량한 자유의 씨를 뿌리는 자

Свободы сеятель пустынный…

씨 뿌리는 자가 씨를 뿌리러 나갔다.*

나는 황량한 자유의 씨를 뿌리는 자,
별도 뜨기 전 일찍 길을 나서
죄 없는 깨끗한 손으로
예속의 고랑에
생명의 씨를 뿌렸건만,
나는 시간과 선한 뜻과
수고만 허비했노라….

명예의 함성은 너희를 깨우지 못하리니,
온순한 민중이여, 풀이나 뜯으라!

* 씨 뿌리는 자가 씨를 뿌리러 나갔다 : 〈마태오의 복음서〉 13장 3절에 나오는 말씀이다.

가축 떼에게 자유의 선물이 무슨 소용이랴?
도살하거나 털을 깎아야 마땅한 것을.
대를 이은 그들의 유산은
방울 달린 멍에와 채찍뿐이네.

1823

질투에 찬 나의 망상을, 내 사랑의

Простишь ли мне ревнивые мечты…

질투에 찬 나의 망상을, 내 사랑의
광포한 격정을 그대는 용서하려나?
그대는 내게 충실한데, 어찌하여 늘
내 상상을 겁주길 좋아하는가?
숭배자들의 무리에 둘러싸여 그대는
어찌하여 모두에게 사랑스러워 보이려 하는가,
때로는 다정하고 때로는 우울한 그대의 경이로운 눈빛은
어찌하여 모두에게 헛된 희망을 선사하는가?
나를 사로잡아 내 이성을 흐리게 하고서,
내 불행한 사랑을 확신한 그대는,
그들의 열정적인 무리 속에서 내가
대화와 동떨어져 홀로 침묵한 채
고독한 울분으로 괴로워하는 모습이 보이지 않는구나.
내게 말 한마디, 눈길 한 번 주지 않네… 잔혹한 벗이여!
달아나려 한들, 그대의 눈길은

두려움과 애원으로 나를 따르지 않네.
다른 아름다운 여인이 나와
모호한 대화를 나눈다 한들,
그대는 평온하네. 그대의 유쾌한 책망은
사랑을 드러내지 않아 나를 죽이네.
더 말해 봐, 나의 영원한 연적은
그대와 내가 단둘이 있는 것을 보고,
어찌하여 그대에게 교활하게 인사하는가…?
대체 그가 그대에게 무엇이길래? 말해 봐, 무슨 권리로
그는 새파랗게 질투하는가…?
저녁과 새벽 사이의 부적절한 시간에,
어머니도 없이, 혼자서, 반쯤 옷을 입은 채,
어찌하여 그를 그대는 받아들여야 하는가…?
하지만 나는 사랑받네…. 나와 단둘이서
그대는 그토록 다정하네! 그대의 입맞춤은
그토록 타오르네! 그대의 사랑의 말은
그토록 진실하게 그대의 영혼으로 충만하네!
그대는 나의 고통이 우습지.
하지만 나는 사랑받네, 난 그대를 이해하네.
나의 소중한 벗이여, 나 애원하노니, 날 괴롭히지 마오.
내가 얼마나 강렬하게 사랑하는지 그대는 모르네,

내가 얼마나 지독하게 고통받는지 그대는 모르네.

1823

골리치나 공작 부인*에게

Кн. М. А. Голицыной

오래전부터 그녀에 관한 추억을
가슴 깊이 간직해 와,
그녀의 순간적인 관심이
오래도록 나의 위안이었네.
황홀한 시구를, 내 시구를,
그녀가 그토록 사랑스럽게 되풀이한,
그녀의 영혼이 알아차린,
우울의 생생한 소리를 나는 되뇌었네.

* 마리야 골리치나(Мария Голицына) : 푸시킨이 이 시를 헌정한 그녀는 저명한 귀족 가문 출신으로 당대 사교계에서 지성인으로 널리 알려졌으며, 특히 문학과 예술에 대한 깊은 이해와 뛰어난 감수성을 지닌 여성으로 평가받았다.
이 시는 그녀가 푸시킨의 시를 아름다운 로망스로 불러 시인에게 새로운 명성과 영감을 되돌려 준 예술적 교환에 대한 감사와 경의를 담고 있다.

눈물과 은밀한 고통의 리라에
다시 그녀는 공감하며 귀 기울였고,
자신의 매혹적인 선율을
이제 리라에게 전했네….
그만! 긍지에 차서 나는
나의 명성을, 어쩌면 영감도
그녀에게 빚졌노라고
감격하며 생각하겠네.

1823

인생의 수레

Телега жизни

때때로 실린 짐이 무거워도
수레는 가볍게 달리고,
난폭한 마부인 백발의 시간은
자리를 뜨지 않고 수레를 몬다.

아침부터 우리는 수레에 올라
기꺼이 머리가 깨지려 하고
게으름과 안일을 경멸하며
외친다. 어이, 달려!

하지만 한낮에는 이미 그런 용기가 간데없이,
덜컹대는 수레에 지치고
산비탈과 골짜기에 덜컥 겁이 나서
외친다. 좀 살살 가, 이 멍청아!

수레는 여전히 굴러가고,
저녁 무렵 우리는 익숙해져

꾸벅꾸벅 졸며 숙소로 가는데,
시간은 말을 몰아 계속 내달린다.

1823

두려운 시간이 오리라… 그대의 천상의 눈이

Придет ужасный час… твои небесны очи…

두려운 시간이 오리라…. 그대의 천상의 눈이,
나의 벗이여, 영원한 밤의 안개에 덮이고
영원한 침묵이 그대의 입술을 다물리리니,
그대 선조들의 차가운 유해가 영면하는
그 음침한 곳으로 영원히 그대는 내려가리라.
그러나 그때까지 그대의 위안 없는 숭배자인 나는
비통한 거처로 그대를 따라 내려가
슬픔에 젖어 말없이 그대 곁에 앉으리라.
그대의 사랑스러운 두 발을 내 무릎에 올리고
슬프게 기다리리라…. 하지만 무엇을?
내 염원의 힘으로 무엇이…
…

1823

모든 것이 끝났다 우리 사이에 인연은 없다

Все кончено: меж нами связи нет…

모든 것이 끝났다. 우리 사이에 인연은 없다.
마지막으로 그대의 무릎을 끌어안고서
나는 비애를 호소했다.
모든 것이 끝났다. 나는 그대의 대답을 듣는다.
다시는 자신을 속이려 들지 않으리라,
그대를 애수로 뒤쫓지 않으리라,
과거를, 어쩌면, 나는 잊으리라.
사랑은 나를 위해 창조되지 않았다.
그대는 젊으니, 그대의 영혼은 아름답나니,
그대는 많은 이에게 사랑받게 되리라.

1824

그대는 왜 보내졌고 누가 그대를 보냈는가?

Зачем ты послан был и кто тебя послал?..

그대*는 왜 보내졌고 누가 그대를 보냈는가?
선이었나 악이었나, 그대는 무엇의 충실한 수행자였는가?
어찌하여 꺼졌으며, 어찌하여 빛났는가,
지상의 경이로운 방문자여?

식자들이 예언했고, 군주들이 불안에 휩싸였고,
군중이 그들 앞에서 동요했고,
벌거벗겨진 제단들이 비어 갔으며,
자유의 폭풍이 일고 있었다.

그러고는 갑자기 휘몰아쳤다…. 먼지와 피범벅이 되어

* 그대 : 나폴레옹을 말한다.

쓰러졌고,
낡은 석판*이 산산조각 났고,
운명의 사나이가 나타나자, 노예들은 다시 잠잠해졌고,
칼과 사슬 소리가 울려 퍼졌다.

오만하고 벌거벗은 타락이 도래했고,
그 앞에서 심장이 얼어붙었고,
권력을 위해 조국을 잊었고,
황금을 위해 형제가 형제를 팔았다.
미치광이들이 자유는 없다고 선언했고,
민중은 그들의 말을 믿었다.
그들의 말 속에서 선과 악은
무의미해졌고, 모든 것이 그림자가 되었다.
바람에 내맡겨진 지상의 먼지처럼,
모든 것이 멸시에 처했다.

1824

* 낡은 석판 : 모세의 십계명이 새겨진 '석판'이다. 구체제의 낡은 법이나 질서를 상징한다.

미하일롭스코예 연금 및 성숙기
1824~1830

바다에게*

К морю

잘 있거라, 자유로운 대자연이여!
마지막으로 너는 내 앞에서
푸른 물결을 일으키며
오만한 아름다움으로 빛난다.

벗의 애절한 탄식 같은,
작별의 시각 벗의 부름 같은,
구슬픈 너의 출렁임을, 아우성치는 너의 외침을
마지막으로 나는 들었다.

* 이 시는 푸시킨이 남부 유배지를 떠나 북부의 미하일롭스코예(Михайловское)로 옮겨 가던 시기에 쓴 것이다. 남방 유배 시절을 마감하며 푸시킨은 청년기의 낭만주의적 이상에 작별을 고한다.

내 영혼이 품은 갈망의 극한이여!
내밀한 계획*에 시달리며 나는
영혼의 안개를 안고 침묵에 잠겨,
얼마나 자주 너의 기슭을 거닐었던가!

너의 부름을, 둔탁한 소리를,
심연의 목소리를, 저녁때의 고요도
제멋대로인 너의 충동도
나는 얼마나 사랑했던가!

어부들의 공순한 돛단배가
네 변덕의 보호를 받아
용감하게 물결 속을 미끄러져 가지만,
네가 감당할 수 없이 날뛰면
무리 지은 배들이 가라앉는다.

* 내밀한 계획 : 유배 당시 푸시킨이 품었던, 자유를 찾아 바다를 통해 탈출하려던 열망을 말한다.

나는 따분한 잔잔한 기슭을
영원히 떠나
환희로 너를 축하하고
너의 물마루를 따라
나의 시적 도주를 감행하지 못했다!

너는 기다렸다, 너는 불렀다…. 나는 얽매여 있었고,
나의 영혼은 헛되이 몸부림쳤다.
강력한 열정에 매료된 채,
나는 기슭에 남아 있었다.

무얼 애석해하랴? 이제 어디로
나는 안일한 길을 돌려야 하나?
광막한 너의 한 곳이
내 영혼을 울리리라.

영광의 무덤인 한 바위….*
장엄한 추억이
거기서 차가운 잠에 빠졌다.
거기서 나폴레옹이 스러졌다.

거기서 그는 고난 속에 영면했다.
그를 뒤따라 또 하나의 천재,
우리 사색의 또 다른 지배자*도,
휘몰아친 폭풍처럼 우리 곁을 떠났다.

세상에 월계관을 남기고
자유의 애도 속에 그는 사라졌다.
술렁이라, 노호하라,
오, 바다여, 그는 너의 가인이었다.

너의 모습이 그에게 각인되었다.
너의 정신으로 그는 빚어졌다.
너처럼 그는 강력하고, 깊고, 음울하다.
너처럼 그는 무엇으로도 길들일 수 없다.

* 한 바위 : 나폴레옹이 유배되었던 세인트헬레나섬을 말한다.

* 또 다른 지배자 : 그리스 독립 전쟁에 참전했다가 1824년 급사한 영국 낭만주의 시인 조지 고든 바이런(George Gordon Byron)을 가리킨다.

세상이 텅 비었다…. 이제 도대체 어디로,
대양이여, 너는 나를 데려가려나?
지상의 운명은 어디나 똑같다.
한 방울의 행복이 있는 곳, 그곳에는 이미
계몽 아니면 폭군이 파수를 서고 있다.

그래, 잘 있거라, 바다여! 장엄한
너의 아름다움을 나는 잊지 않으리라.
저녁나절 너의 우르릉거리는 소리가
오래오래 내 귀에 들려오리라.

너로 가득 찬 나는
숲으로, 침묵하는 황야로 가져가리라,
너의 절벽을, 너의 물굽이를,
광휘도, 그림자도, 파도의 속삭임도.

1824

간교

Коварность

네 벗이 너의 말소리에
가시 돋친 침묵으로 응답하거든,
그가 뱀을 떨쳐 내듯 몸서리치며
너의 손길에서 제 손을 거두거든,
그가 너에게 날카로운 시선을 못 박고
경멸하며 고개를 젓거든,
이렇게 말하지 말라. "그는 아파, 그는 어린애야,
그는 미친 듯한 애수로 고통받고 있어."
이렇게 말하지 말라. "그는 배은망덕해.
그는 나약하고 사악해, 그는 우정을 누릴 자격이 없어.
그의 삶은 전부 어떤 무거운 꿈일 뿐이야…."
과연 네가 옳은가? 과연 너는 평온한가?
아, 만약 그렇다면, 그는 기꺼이 먼지 속에 쓰러져
벗에게 화해를 간청하리라.
하지만 만약 네가 우정의 신성한 권력을
악랄한 박해에 사용했다면,
하지만 만약 네가 심심풀이로

그의 겁 많은 상상력을 상처 입히고
그의 애수와 오열과 굴욕 속에서
오만한 즐거움을 찾았다면,
하지만 만약 너 스스로가 그에 대한
비열한 비방의 보이지 않는 메아리였다면,
하지만 만약 네가 그에게 쇠사슬을 던지고
잠든 그를 웃으며 적에게 넘겨주었다면,
그리고 그가 너의 말 없는 영혼 속에서
자신의 슬픈 시선으로 모든 비밀을 읽었다면,
그때는 가라, 공허한 말을 낭비하지 말라.
너는 최후의 판결로 심판받았노라.

1824

바흐치사라이 궁전의 분수에게*

Фонтану Бахчисарайского дворца

사랑의 분수여, 살아 있는 분수여!
나 너에게 두 송이 장미를 선물로 가져왔네.
너의 끊이지 않는 말소리와
시적인 눈물을 사랑하노라.

너의 은빛 물보라가
차가운 이슬로 나를 적시네.
아, 흘러라, 흘러라, 위안의 샘물이여!
네 옛이야기를 졸졸대 다오, 졸졸대 다오….

* 푸시킨이 서사시 〈바흐치사라이의 분수(Бахчисарайский фонтан)〉를 쓴 지 몇 년 후에 쓴 시다. '바흐치사라이 궁전'은 크림반도에 있는 타타르 칸의 궁전이다. 그곳에는 슬픈 전설을 가진 '눈물의 분수'가 있고, 유배 시절 이곳을 방문했던 푸시킨은 이에 영감을 받아 마리야와 자레마의 비극적인 사랑 이야기를 썼다.

사랑의 분수여, 슬픈 분수여!
나도 너의 대리석에게 물었네.
나는 먼 나라에 대한 찬사는 읽었지만,
너는 마리야에 대해서는 침묵했구나….

하렘의 창백한 별이여!
여기서도 너는 정녕 잊혔느냐?
아니면 마리야와 자레마는
한낱 행복한 꿈이더냐?

아니면 그저 상상이 빚은 꿈이
제 덧없는 환영을,
영혼의 어렴풋한 이상을
황량한 안개 속에 그려 놓았더냐?

1824

차다예프에게(차가운 의혹이 무슨 소용인가?)

Чаадаеву(К чему холодные сомненья?..)

타브리다*의 해변에서

차가운 의혹이 무슨 소용인가?
피에 목마른 신들에게 바치는 제물의
연기가 피어올랐던 무서운 신전이
여기 있었음을 나는 믿노라.
잔인한 에우메니데스의 증오가
이곳에서 가라앉았다.
이곳에서 타브리다의 사제가

* 타브리다(Таврида) : 크림반도의 옛 지명으로 그리스 비극의 거장 에우리피데스(Euripides)의 〈타우리스의 이피게네이아(Iphigenia in Tauris)〉의 배경이다. 트로이 전쟁의 영웅 아가멤논(Agamemnon)의 딸 이피게네이아가 이곳 아르테미스 신전(Temple of Artemis)의 사제로 있으면서, 복수의 여신들에게 쫓기던 남동생 오레스테스(Orestes)를 만나 구원하는 이야기가 서려 있다.

동생을 향해 손을 치켜들었으나,
우정의 성스러운 승리가
이 폐허 위에서 이루어져,*
위대한 영혼들의 신이
제 창조물을 자랑스러워했노라.
…
체다예프여, 지난날을 기억하는가?
젊음의 환희에 사로잡혀 내가
다른 폐허에 숙명적인 이름을

* 우정의 성스러운 승리가 / 이 폐허 위에서 이루어져 : 에우리피데스의 비극에서 아가멤논의 아들 오레스테스는 아버지에 대한 복수로 어머니 클리타임네스트라(Clytemnestra)를 죽인 죄로 인한 에우메니데스의 분노를 풀기 위해 친구 필라데스(Pylades)와 함께 아르테미스 여신상을 훔치러 갔다가 붙잡힌다. 사제인 이피게네이아가 한 명만 살려 줄 테니 자신의 편지를 그리스로 전해 달라고 제안하자 두 친구는 서로 자기가 죽겠다고 나선다. 푸시킨은 자신과 차다예프의 우정을 오레스테스와 필라데스의 우정에 비유하고 있다. 결국 편지를 확인하는 과정에서 이피게네이아는 제물로 바쳐질 청년이 동생 오레스테스임을 알게 되고, 지혜를 짜내어 두 사람과 함께 아르테미스상을 가지고 타브리다를 탈출한다.

내맡기려던 게 오래던가?
하지만 폭풍우에 가라앉은 가슴에는
이제 무위와 고요뿐,
그리하여 영감 어린 감동에 젖어 나는
우정으로 신성해진 바위에
우리의 이름을 새기노라.

1824

불타 버린 편지

Сожженное письмо

잘 가라, 사랑의 편지여, 잘 가라! 그녀의 명이다….
나 얼마나 오래 망설였던가, 얼마나 오래 나의 손은
불길에 내 모든 기쁨을 넘겨주길 거부했던가…!
하지만 그만, 때가 되었다. 타올라라, 사랑의 편지여.
난 준비되었으니, 나의 영혼은 그 무엇에도 무감하리라.
이미 탐욕스러운 불길이 너의 종잇장을 핥는다….
한순간이다…! 불이 붙었다…. 타오른다…. 가벼운 연기가
맴돌며 피어오르다 나의 기도와 함께 사라진다.
녹아내린 봉랍이 끓어오르며
이미 반지 인장의 마지막 흔적을 잃는다…. 오, 섭리여!
이루어졌도다! 검은 종잇장들이 둥글게 말리고,
소중한 글자들이 가벼운 재 위에서
하얗게 떠오른다…. 나의 가슴이 죄어 왔다. 사랑스러운 재여,
내 우울한 운명 속의 초라한 위안이여,

나의 슬픈 가슴에 영원히 남아 다오….

1825

명예욕

Желание славы

사랑과 희열에 취해
말없이 그대 앞에 무릎 꿇은 내가
그대를 바라보며 '그대는 나의 것'이라 생각했을 때,
그대는 알지, 내 사랑이여, 내가 명예를 바랐던가?
시인이라는 헛된 호칭을 지겨워하며
경박한 세상을 멀리한 내가
오랜 폭풍에 지쳐, 멀리서 웅성대는 비난과 찬사 따위에는
전혀 귀 기울이지 않았음을, 그대는 알지?
말해 봐요, 날 사랑하나요? 행복한가요?
말해 봐요, 다른 여자는 나처럼 사랑하지 않을 건가요?
나의 벗이여, 나를 영영 잊지 않을 건가요?
그대가 나른한 눈길로 나를 굽어보며
내 머리에 가만히 손을 얹고서 속삭였을 때,
소문의 판결이 나를 흔들 수 있었던가?
나는 벅차오르는 침묵을 지켰고,
온몸이 환희로 가득 차, 미래는 없다고,

이별의 가혹한 날은 결코 오지 않으리라고
믿었다…. 그런데 어찌 되었나? 눈물, 고통,
배신, 비방, 모든 것이 내 머리 위로
별안간 쏟아졌다…. 나는 무엇이며, 어디에 있는가? 황야에서
갑자기 벼락을 만난 나그네처럼 나는 섰고,
내 앞의 모든 것이 빛을 잃었다! 이제
나는 생소한 욕망에 애를 태우나니,
내가 명예를 갈망함은, 나의 이름이
매 시각 그대의 귓전을 때리게 하기 위함이며, 그대가 나로
에워싸이게 하기 위함이며, 그대 주위의 모든 것, 모든 것이
나에 대한 자자한 소문으로 울리게 하기 위함이요,
정적 속에서 진실한 목소리에 귀 기울이며,
뜰에서, 밤의 어둠 속에서, 이별의 순간 울린
나의 마지막 애원을 그대가 기억하도록 하기 위함이어라.

1825

나를 지켜 다오, 나의 부적이여

Храни меня, мой талисман...

나를 지켜 다오, 나의 부적*이여,
슬픔의 날에 너는 내게 주어졌으니,
박해의 날들에, 회한과
동요의 날들에 나를 지켜 다오.

대양이 나의 주위에
노호하는 파도를 일으킬 때,
먹구름이 뇌우를 쏟아부을 때,
나를 지켜 다오, 나의 부적이여.

* 부적 : 원어는 행운을 불러오거나 소유자를 보호하는 신비한 힘을 가진 기호나 주문이 새겨진 신물을 뜻하는 '탈리스만(талисман)'이다. 푸시킨이 남방 유배 시절 오데사에서 사랑했던 연인 엘리자베타 보론초바(Елизавета Воронцова)에게서 이별 선물로 받은 반지를 말한다.

낯선 땅의 적막 속에서,
따분한 평온의 품속에서,
타오르는 전투의 불안 속에서
나를 지켜 다오, 나의 부적이여.

성스럽고 달콤한 기만,
영혼의 황홀한 별….
이젠 숨어 버렸네, 배반했네….
나를 지켜 다오, 나의 부적이여.

추억이 가슴의 상처를
결코 찌르지 않게 해 다오.
잘 가라, 희망이여. 잠들라, 갈망이여.
나를 지켜 다오, 나의 부적이여.

1825

앙드레 셰니에*

Андрей Шенье

니콜라이 라옙스키*에게 헌정함.

* 앙드레 셰니에(André Chénier) : 프랑스 혁명기의 천재적 시인이자 언론인으로, 혁명의 광기 속에서 중도적 신념을 지키며 자코뱅당의 공포정치에 정면으로 맞섰다. 국왕 루이 16세의 변호를 돕고 폭군 장폴 마라를 비판하는 글을 썼다는 이유로 체포되어, 막시밀리앵 로베스피에르(Maximilien Robespierre)가 몰락하기 불과 하루 전 단두대에서 서른두 살의 생을 마감했다. 이 시에서 푸시킨은 셰니에의 비극적 운명을 통해 시인의 도덕적 용기와 예술의 불멸성을 찬양하며, 동시에 당대 러시아의 전제정치를 간접적으로 비판하고 있다.

* 니콜라이 라옙스키(Николай Раевский) : 러시아의 유명한 전쟁 영웅 라옙스키 장군의 아들로, 푸시킨의 절친한 친구였다. 그는 자유주의적 사상의 소유자이자 푸시킨에게 바이런의 시를 처음 소개해 준 인물로, 푸시킨의 정치적 · 문학적 동지였다. 이 헌사는 당대 러시아 청년 지식인들의 고뇌를 담은 비밀스러운 격문의 성격을 시에 부여한다.

그처럼 슬픔과 유폐 속에서도 나의 리라는
깨어났노라….
Ainsi, triste et captif, ma lyre toutefois
S'éveillait….

망연자실한 세상이 바이런의
유골함을 응시하고
단테의 곁에서 그의 혼령이
유럽 리라들의 합창에 귀 기울이는 동안,

오래전 고난의 시절에, 노래도 없이,
통곡도 없이, 피에 물든 단두대에서
무덤의 그늘로 내려간
다른 혼령이 나를 부르네.

사랑과 숲과 평화의 가인에게
추모의 꽃을 바치노라.
잊힌 리라가 울리네.
나 노래하노라. 그와 그대가 내게 귀 기울이네.

*

지친 도끼가 다시 높이 들려
　　새로운 제물을 부른다.
가인은 준비되었다. 수심 어린 리라가
　　마지막으로 그에게 노래한다.*

내일 아침이면 민중에게 익숙한 축제인 처형,
　　하지만 젊은 가인의 리라는
무엇을 노래하는가? 자유를 노래하노라.
　　마지막까지 변치 않았도다!
"널 환영하노라, 나의 태양이여!
　　나는 네 천상의 모습을 찬양했다,
　　그것이 불꽃으로 피어났을 때,
　　폭풍 속에서 네가 솟아오르던 때,
　　나는 네 신성한 천둥을 찬양했다,

* (지은이 주) 마지막으로 그에게 노래한다 : "마지막 햇살이, 마지막 산들바람이 / 아름다운 하루의 저녁을 생기롭게 하듯, / 단두대 발치에서 나는 여전히 나의 리라를 켜노라." 앙드레 셰니에의 마지막 시편 참고.

그것이 치욕스러운 요새*를 쓸어버리고
권력의 오랜 오만을
재와 수치로 흩어 버렸을 때.
나는 네 아들들의 시민적 용기를 보았다,
나는 그들의 형제애 어린 맹세를,
고결한 서약과
전제에 대한 두려움 없는 응답을 들었다.
나는 그들의 거센 물결이
모든 것을 뒤엎고 휩쓸어 간 것을,
환희에 가득 찬 불타는 웅변가가 대지의 재탄생을
예언하던 것을 보았다.
이미 너의 지혜로운 천재성이 빛나고 있었고,
이미 불멸의 판테온으로
성스러운 추방자들의 영광스러운 혼령이 들어가고 있었고,
편견의 장막에 가려졌던

* 치욕스러운 요새 : 바스티유(Bastille) 감옥을 말한다.

낡은 옥좌가 정체를 드러내고 있었다.
족쇄가 떨어졌다. 법이
자유에 기대어 평등을 선포했고,
우리는 외쳤다. **지복이여**!
오, 비애여! 오, 광포한 꿈이여!
자유와 법은 어디에 있는가? 오직 도끼만이
우리 위에 군림한다.
우리는 왕들을 타도했노라. 형리들을 거느린 살인자를
우리는 왕으로 뽑았노라. 오, 공포여! 오, 수치여!
그러나, 신성한 자유여, 너는,
순결한 여신이여, 아니, 너는 죄가 없다.
광포한 맹목의 분출 속에서
민중의 저열한 광란 속에서
너는 우리에게서 모습을 감추었다. 네 치유의 잔은
피의 장막에 덮였다.
그러나 너는 복수와 영광과 함께 다시 오리니,
너의 적들은 다시 쓰러지리라.
너의 성스러운 술을 한번 맛본 민중은
끊임없이 다시 그 맛에 취하려 든다.
바쿠스의 광기에 사로잡힌 듯,
민중은 목마름에 허덕이며 헤맨다.

그리하여 민중은 너를 찾아내리라. 평등의 비호 아래
너의 품에 안겨 달콤하게 휴식하리라.
    그렇게 어둠의 폭풍은 지나가리라!
하지만 나는 너희를 보지 못하리라, 영광의 날들이여,
축복의 날들이여.
나는 단두대에 바쳐진 몸. 마지막 시간을
끌어가노라. 내일 아침 처형. 엄숙한 손으로
형리가 머리채를 움켜쥐고 내 목을
    무심한 군중 위로 들어 올리리라.
용서해 다오, 오, 벗들이여! 나의 깃들 곳 없는 유해는,
우리가 학문과 향연 속에서 태평한 나날을 보내며
우리의 유골함 자리를 미리 정해 놓았던,
그 정원에서는 잠들지 못할 것이네.
    그러나, 벗들이여, 만약
    나에 대한 기억이 너희에게 성스럽거든,
내 마지막 소망을 이루어 다오.
사랑하는 사람들이여, 내 운명을 조용히 애도해 다오.
눈물로 의심을 불러일으킬까 두려워하게.
우리 시대에는, 자네들도 알다시피, 눈물조차 죄악이니,
이제는 형제도 형제를 감히 가여워하지 못하누나.
간청이 또 하나 있네. 덧없는 상념의

너저분한 창조물, 내 모든 젊은 날의
다채롭고 소중한 이야기인 시편들을
자네들은 수없이 들었지. 희망, 염원,
눈물, 사랑, 벗들이여, 이 지면들이
내 삶 전부를 간직하고 있네. 아벨과 파니*에게서,
간절히 청하노니, 그것들을 찾아다오. 순결한 뮤즈의 공물을
거두어 다오. 엄격한 세상은, 오만한 세평은
이 시들을 알지 못할걸세. 아아, 내 머리는
때 이르게 떨어지리라. 나의 미숙한 시혼은
영광을 위한 숭고한 창작을 이루지 못했네.
나는 곧 전부 죽으리라. 하지만 나의 환영을 사랑하여,
오, 벗들이여, 너희를 위해 이 원고를 간직해 다오!
뇌우가 지나가거든, 이따금 미신적인 무리로

* (지은이 주) 아벨과 파니 : "아벨, 내 젊은 날의 비밀을 공유한 절친한 벗이여"(〈비가 I〉). 아벨은 앙드레 셰니에의 친구 중 한 명이고, 파니는 앙드레 셰니에의 연인 중 한 명이다. 그녀에게 바쳐진 송가들을 참조하라.

모여서 나의 진실한 두루마리를 읽어 다오.

오랫동안 귀 기울이다 말해 다오. 이것이 그로구나.

바로 이것이 그의 말이로구나. 그러면 나는 무덤의 잠을 잊고

보이지 않게 올라와 자네들 틈에 앉을 것이네.

나 또한 넋을 잃고 듣기도, 자네들의 눈물에

취하기도 하겠네…. 어쩌면 나는 사랑으로

위로를 받겠지. 어쩌면 나의 **포로 여인***도

우울하고 창백한 얼굴로 사랑의 시에 귀 기울일 테지…."

그러나 젊은 가인은 다정한 노래를

돌연 멈추고, 깊은 사색에 잠겨 고개를 떨구었네.

* (지은이 주) 나의 포로 여인 : 〈젊은 여죄수(La Jeune Captive)〉를 참조(마드무아젤 드 쿠아니)하라[(옮긴이 주) 마드무아젤 드 쿠아니(Mademoiselle de Coigny)는 당시 셰니에와 함께 생 라자르 감옥에 수감되어 있던 귀족 여성이다. 셰니에는 감옥 안에서 그녀의 젊음과 아름다움, 그리고 죽음의 공포 앞에서도 삶을 갈망하는 그녀의 모습을 보며 대표작 〈젊은 여죄수〉를 썼다].

그의 봄날이 사랑과 애수와 함께
눈앞을 스쳐 갔네. 미인들의 나른한 눈동자,
노래, 향연, 불타는 밤들,
모든 것이 일시에 되살아나, 심장은
멀리 달려갔네…. 그리고 시의 속삭임이 흘러나왔네.

"어디로, 적대적인 천재는 나를 어디로 이끌었는가?
사랑을 위해, 평화로운 유혹을 위해 태어났건만,
어찌하여 나는 무명의 삶의 그늘을,
자유를, 벗들도, 달콤한 게으름도 저버렸는가?
운명은 나의 황금빛 젊음을 애지중지 보살폈다.
태평한 손길로 기쁨이 내게 월계관을 씌워 주었고,
순결한 뮤즈가 나의 여가를 함께 나누었네.
벗들의 시끌벅적한 야회에서 사랑받는 벗인
나는 집안의 신들이 수호하는 그늘을
웃음소리와 시의 달콤함으로 가득 채웠네.
바쿠스의 광란에 지치고
새로운 불길로 갑자기 타올라
마침내 아침에 내 그리운 여인 앞에 나타나
당혹과 분노에 휩싸인 그녀를 마주하던 때,
눈물을 머금은 채 으름장을 놓으며

주연 속에 탕진한 나의 세월을 저주하던 그녀가
나를 내쫓고 꾸짖다 용서해 주곤 하던 그때,
나의 삶은 얼마나 달콤하게 흐르고 흘렀던가!
어찌하여 나는 이 게으르고 소박한 삶을 떠나
숙명적인 공포가, 야만적인 정열이,
광포한 무지렁이들이, 증오가, 탐욕이
판치는 곳으로 돌진했던가! 나의 희망들이여,
너희는 나를 어디로 꿰어 낸 것이냐! 사랑과
시와 정적에 충실한 내가 저열한 무대에서
비열한 투사들과 무엇을 해야 했던가!
내가 사나운 말들을 다스리며
무력한 고삐를 단단히 쥐어야 했던가?
도대체 나는 무엇을 남길 것인가? 광적인 열정과
무의미한 만용의 잊힌 흔적들.
나의 목소리여, 그리고 너, 거짓된 환영이여, 너, 말이여,
공허한 소리여, 소멸하라….
오, 아니다!
나약한 불평이여, 그치라!
긍지에 차서 기뻐하라, 시인이여.
우리 시대의 치욕 앞에서

너는 고분고분 머리를 숙이지 않았노라.
너는 강력한 악당을 경멸했고,
너의 횃불은 준엄하게 타오르며
명예롭지 못한 통치자들의 평의회*에
무자비한 빛을 비추었노라.
너의 채찍이 그들을 덮쳐,
이 전제의 형리들을 단죄했다.
너의 시구가 그들의 머리 위로 휙휙 날아갔다.

* (지은이 주) 명예롭지 못한 통치자들의 평의회 : 그의 이암브들을 보라. 셰니에는 급진파들의 증오를 살 만했다. 그는 샤를로트 코르데를 찬양했고, 콜로 데르부아를 비난했고, 로베스피에르를 공격했다. 잘 알려진 바와 같이, 국왕은 평온과 품위가 가득 담긴 서한을 통해 자신에게 내려진 사형 판결에 대해 국민에게 호소할 권리를 의회에 요청한 바 있다. 1월 17일에서 18일로 넘어가는 밤에 서명된 이 서한은 바로 앙드레 셰니에가 작성한 것이다(H. 드 라 투슈)[(옮긴이 주) '이암브'는 '약강격' 운율을 뜻하며, 셰니에가 감옥에서 쓴 미완성 시집의 제목이기도 하다. 고대 그리스 시절부터 풍자와 비판, 공격적인 어조를 담은 시 형식을 뜻한다. '국왕의 서한'은 루이 16세가 처형 전 의회에 제출했던 마지막 호소문을 말한다. '이폴리트 드 라 투슈(H. de La Touche)'는 셰니에의 유고를 처음으로 수습하여 출판한 인물이다].

너는 그들에게 외쳤노라, 너는 네메시스를 찬양했노라.

너는 마라의 사제들을 향해
단검과 에우메니데스 처녀신을 노래했노라!
성스러운 노인*이 마비된 손으로
왕관을 쓴 머리를 단두대에서 떼어 내려 할 때,
네가 담대히 그 둘에게 손을 건네자,
광분한 아레오파고스*가
너희 앞에서 몸을 떨었다.
자랑스러워하라, 자랑스러워하라, 가인이여. 너, 포악한 짐승아,
이제 나의 머리를 가지고 놀라.
내 머리는 네 발톱 안에 있노니. 그러나 들으라, 알아 두

* 성스러운 노인 : 루이 16세의 변호를 맡았던 말제르브(Chrétien-Guillaume de Lamoignon de Malesherbes)를 가리킨다. 그는 당시 70대의 노구로 목숨을 걸고 국왕을 변호했다.

* 아레오파고스(Areopagus) : 고대 아테네의 최고 재판소로, 루이 16세에게 사형 판결을 내린 프랑스 혁명 재판정을 풍자적으로 비유한 것이다.

라, 불경한 자여.

나의 외침이, 나의 격렬한 웃음이 너를 쫓으리라!
우리의 피를 마시라, 파멸시키며 살아가라.
넌 여전히 피그미, 하찮은 피그미일 뿐이다.
때가 오리라…. 이미 멀지 않았도다.
넌 쓰러지리라, 폭군이여! 분노가
마침내 떨치고 일어나리니. 조국의 오열이
지쳐 버린 운명을 깨우리라.
이제 나는 간다…. 때가 되었다…. 그러나 넌 내 뒤를 따르라.
내가 널 기다리노라."

그렇게 환희에 찬 시인은 노래했노라.
그리고 모든 것이 평온해졌네. 등불의 고요한 빛이
아침노을 앞에서 창백해졌고,
아침이 감옥 안으로 불어 들었네. 시인은
창살을 향해 엄숙한 눈길을 들었네….
갑자기 소음. 왔다, 부른다. 그들이다! 희망은 없다!
열쇠와 자물쇠와 빗장 소리가 울리네.
부른다…. 잠깐, 멈춰라. 단 하루, 딱 하루만.*
그러면 처형은 없다, 그러면 모두가 자유다,

그러면 위대한 시민은

위대한 민중 가운데 살아남았으리라.*

들리지 않는다. 행렬이 말없이 흐른다. 형리가 기다린다.

그러나 우정이 시인의 죽음의 길을 매료하리라.*

이제 단두대다. 그는 올라섰다. 그는 영광을 선언하노라….*

* 잠깐, 멈춰라. 단 하루, 딱 하루만 : 역사적으로 앙드레 셰니에가 처형된 다음 날 로베스피에르가 몰락하여 공포정치가 끝났다는 사실을 암시하는 비극적인 구절이다.

* (지은이 주) 위대한 민중 가운데 살아남았으리라 : 그는 테르미도르 8일, 즉 로베스피에르가 타도되기 바로 전날 처형되었다.

* (지은이 주) 우정이 시인의 죽음의 길을 매료하리라 : 운명의 마차로 앙드레 셰니에와 함께 그의 친구인 시인 루셰도 처형장으로 호송되었다. 마지막 순간에 그들은 시에 대해 이야기했다. 그들에게 시는 우정 다음으로 지상에서 가장 아름다운 것이었다. 그들의 대화 주제이자 마지막 경탄의 대상은 라신이었다. 그들은 라신의 시를 읽기로 했다. 그들은 〈안드로마크〉의 첫 장을 골랐다(H. 드 라 투슈).

* (지은이 주) 그는 영광을 선언하노라 : 처형장에서 그는 자신의 머리를 치고 말했다. "하지만 여기에 무언가가 있었는데"[(옮긴이 주) 셰니에가 말한 "무언가"는 미처 다 쓰지 못한 시, 세상에 내놓지 못한

울라, 뮤즈여, 울라…!

1825

천재적인 영감을 의미한다. 셰니에의 말은 육체는 죽지만 시인의 영혼과 명예는 영원히 남음을 선언하는 것이다].

×××에게(나는 경이로운 순간을 기억하오)

К×××(Я помню чудное мгновенье...)

나는 경이로운 순간을 기억하오.
그대가 내 앞에 나타났소.
순간적인 환영처럼,
순수한 아름다움의 정령처럼.

속절없는 슬픔의 고통 속에서,
덧없이 부산한 세상사의 불안 속에서,
다정한 목소리가 오래도록 내게 울렸고
사랑스러운 모습이 꿈에 보였소.

세월이 흘렀소. 세차게 몰아치는 폭풍이
예전의 염원을 흩날려
그대의 다정한 목소리를, 그대의
천상의 모습을 나는 잊었소.

벽지에서, 유폐의 암흑 속에서
고요히 나의 나날은 흘렀소.

신성 없이, 영감 없이,
눈물 없이, 삶 없이, 사랑 없이.

영혼에 깨어남이 찾아왔소.
그리고 마침 그대가 다시 나타났소.
순간적인 환영처럼,
순수한 아름다움의 정령처럼.

심장이 환희에 젖어 고동치고
심장을 위해 다시 살아났소.
신성도, 영감도,
삶도, 눈물도, 사랑도.

1825

삶이 너를 속이거든

Если жизнь тебя обманет…

삶이 너를 속이거든,
슬퍼하지 말라, 성내지 말라!
우울한 날에 온유하라.
유쾌한 날이 오리니, 믿으라.

심장은 미래에 산다.
현재는 우울하지만,
모든 것은 순간, 모든 것은 지나가고,
지나간 것은 소중하리라.

1825

10월 19일*

19 октября

숲이 진홍빛 옷을 떨구고
시든 들판이 서리에 은빛으로 빛나네.
해는 마지못한 듯 얼굴을 내밀었다가
주변 산등성이 너머로 숨어 버리누나.
나의 황량한 암자에서, 벽난로여, 타올라라.
가을 추위의 벗인 너, 포도주여,
위안의 취기를, 쓰라린 고통의 순간적인 망각을
내 가슴에 부어 다오.

긴 이별의 술잔을 함께 나누고,
내가 진심으로 손을 맞잡고
길이 행복할 세월을 빌어 줄

* 푸시킨이 유배지 미하일롭스코예에서 홀로 맞이한 리체이 창립 기념일을 기리며 쓴 시다.

벗이 곁에 없어 나는 슬프네.
나 홀로 술잔을 기울이고, 공상이
헛되이 주위로 동무들을 부르누나.
다가오는 낯익은 발소리는 들리지 않고,
나의 영혼은 그리운 이를 기다리지 않누나.

나는 홀로 술잔을 기울이고, 네바강 변에서는
오늘 벗들이 내 이름을 부르겠지….
그러나 그곳인들 너희 중 몇이나 주연을 벌이고 있느냐?
또 누구의 자리가 비어 있더냐?
누가 이 매혹적인 관습을 저버렸느냐?
누가 차가운 사교계에 홀려 너희를 떠났느냐?
형제들의 점호에서 누구의 목소리가 멎었느냐?
누가 오지 않았느냐? 너희 가운데 누가 없느냐?

타오르는 눈빛으로 감미롭게 기타를 연주하던 그,
우리의 곱슬머리 가객은 오지 않았노라.*
아름다운 이탈리아의 도금양 아래
그는 고요히 잠들었고, 훗날
북방의 아들이 낯선 땅을 떠돌다가
서글픈 인사말을 마주칠,

모국어로 새겨진 우정 어린 몇 마디 말이
러시아인의 무덤 위에는 없구나.

쉼을 모르는 낯선 하늘의 연인이여,*
너는 지금 벗들의 틈에 앉아 있느냐?
아니면 또다시 작열하는 열대지방이나
북극해의 영원한 빙산을 지나고 있느냐?
행운을 빈다…! 너는 장난삼아
리체이 문턱에서 배 위로 발을 내디뎠고,
그때부터 너의 길은 바다에 있었지,
오, 파도와 폭풍의 사랑스러운 자식이여!

방랑의 운명 속에서 너는

* 우리의 곱슬머리 가객은 오지 않았노라 : 이탈리아에서 병사한 친구 니콜라이 코르사코프(Николай Корсаков)를 향한 애도다.

* "쉼을 모르는 낯선 하늘의 연인이여" 이하 : 푸시킨의 절친한 친구이자 해군 장교로 세계 일주 항해 중이었던 표도르 마튜시킨(Фёдор Матюшкин)에게 보내는 노래다.

아름다운 시절의 원래 풍습을 간직했노라.
격렬한 파도 속에서 너는
리체이의 소란, 리체이의 장난을 꿈꾸었노라.
너는 바다 너머 우리에게 손을 뻗었고,
너는 오직 우리만을 젊은 영혼에 품고
되뇌곤 했지. "어쩌면 오랜 이별이
은밀히 예정된 우리의 운명일지 모르네!"*

나의 벗들이여, 우리의 동맹은 아름답도다!
우리의 동맹은 영혼처럼 나눌 수 없고 영원하여라.
흔들림 없고 자유롭고 태평한 우리의 동맹은
우애로운 뮤즈들의 비호 아래 자라났노라.
운명이 우리를 어디로 내던지든,
행운이 우리를 어디로 데려가든,
우리는 변함없으리. 온 세상이 우리에게 타향이고,

* 어쩌면 오랜 이별이 / 은밀히 예정된 우리의 운명일지 모르네! : 시인 안톤 델비그(Антон Дельвиг)가 리체이를 졸업하며 쓴 〈이별가(Прощальная песня)〉의 가사를 가져온 것이다.

우리의 조국은 차르스코예 셀로라네.

곳곳에서 폭풍우에 쫓기고
혹독한 운명의 그물에 얽혀 지친 나는
떨리는 마음으로 새로운 우정의 품에
다정한 머리를 기댔노라….
슬프고도 격정적인 애원과 함께
첫 시절의 순진한 희망을 품고
다른 벗들에게 부드러운 영혼을 맡겼네.
그러나 우애 없는 그들의 인사는 쓰디썼노라.

그리고 이제 여기, 이 버림받은 구석에서,
황량한 눈보라와 추위의 은거지에서,
달콤한 위안이 나를 기다리고 있었네.
내 영혼의 벗들이여, 너희 중 셋을
여기서 나는 껴안았노라. 유배된 시인의 집을,
오, 나의 푸신, 네가 처음으로 찾아 주었지.
너는 유배의 슬픈 날을 기쁨으로 물들여
리체이의 날로 바꾸었노라.

첫날부터 행운아인 너, 고르차코프*여,

포르투나의 차가운 광휘가 너의 자유로운 영혼을
바꾸지 못하였으니, 너를 찬양하노라.
너는 변함없이 명예와 벗들을 소중히 하누나.
엄격한 운명이 우리에게 서로 다른 길을 예정하여,
삶에 발을 들이며 우리는 이내 멀어졌지.
그러나 뜻밖에도 시골길에서
우리는 만나 형제의 포옹을 나누었노라.*

운명의 분노가 나를 덮쳤을 때,
집 없는 고아처럼 모두에게 이방인이 된 나는
폭풍 아래 지친 머리를 늘어뜨린 채,
페르메수스 처녀들의 예언자*여, 너를 기다렸노라.

* 알렉산드르 고르차코프(Александр Горчаков) : 푸시킨의 동기 중 가장 화려한 삶을 살았다. 훗날 러시아 제국의 외무장관이자 수상까지 오른 뛰어난 외교관이었다.

* 뜻밖에도 시골길에서 / 우리는 만나 형제의 포옹을 나누었노라 : 실제로 1825년 여름, 외교관으로 활동하던 고르차코프가 여행 중에 우연히 푸시킨의 유배지 근처를 지나다 극적으로 만난 실화를 바탕으로 한다.

오, 나의 델비그, 영감에 찬 게으름의 아들*이여,
마침내 네가 왔구나. 그토록 오래 잠들었던
심장의 열기를 너의 목소리가 깨우니,
나는 활기에 넘쳐 운명을 축복했노라.

어려서부터 노래의 혼이 우리 안에서 타올라
경이로운 흥분을 우리는 맛보았노라.
어려서부터 두 뮤즈가 우리에게 날아와
그들의 애무로 우리의 운명은 달콤했네.
그러나 나는 이미 갈채를 사랑했고,
고고한 너는 뮤즈와 영혼을 위해 노래했지.
나는 내 재능을 삶처럼 무심히 낭비했고,
너는 네 시혼을 정적 속에서 가꾸었노라.

* 페르메수스 처녀들의 예언자 : 페르메수스(Permessus)는 그리스 신화에서 뮤즈들이 사는 헬리콘산에서 발원하는 강이다. 델비그를 뮤즈를 모시는 사제로 극찬하는 표현이다.

* 영감에 찬 게으름의 아들 : 델비그의 별명이 '게으름뱅이'였던 것을 유머러스하고 애정 깊게 부르는 말이다.

뮤즈에 대한 헌신은 법석을 용납하지 않고,
아름다움은 장엄해야 하노라.
그러나 젊음은 교활하게 우리를 미혹하여
떠들썩한 꿈이 우리를 기쁘게 하는구나….
정신을 차리지만, 이미 늦었도다! 실의에 빠져
뒤돌아보지만 자취는 찾을 수 없네.
빌겔름,* 뮤즈로, 운명으로 맺어진 나의 친형제여,
말해 보아라, 우리에게도 그렇지 않았던가?

때가 되었노라, 때가! 세상은 우리 영혼의 고통에
값하지 않으니, 미망을 벗어던지자!
은둔의 그늘 아래로 삶을 감추자!
나의 늦게 오는 친구여, 나는 너를 기다리노라.
오라! 마법 같은 이야기의 불꽃으로

* 빌겔름 큐헬베케르(Вильгельм Кюхельбекер) : 푸시킨과 함께 리체이에서 시를 썼던 절친한 동료로, 훗날 데카브리스트 혁명에 가담하여 긴 감옥 생활과 유배를 겪게 되는 비운의 시인이다.

심장의 전설을 되살려 다오.
칼카스의 폭풍 같은 나날에 대해,
실러에 대해, 영광에 대해, 사랑에 대해 이야기하자.

나에게도 때가 왔노라…. 오, 벗들이여, 축배를 들어라!
기쁜 재회를 나는 예감하노니,
시인의 예언을 기억해 두어라.
한 해가 순식간에 지나가고 나는 다시 너희와 함께해,
나의 간절한 염원이 이루어지리라.
한 해가 쏜살같이 흐르고 나는 너희 앞에 나타나리라!
오, 얼마나 많은 눈물을 흘리고 얼마나 많은 환호성을 지를까,
얼마나 많은 술잔을 하늘로 들어 올릴까!

첫 잔을 가득, 벗들이여, 더 가득 채우자!
우리의 동맹을 기념하여 단숨에 다 마셔 버리자!
축복하라, 환희에 찬 뮤즈여,
축복하라. 리체이여 영원하라!
감사의 술잔을 입가에 들어 올려
우리의 젊음을 지켜 주신 스승들,
돌아가시고 살아 계신 모든 분의 은혜에,

지난 원망은 잊고 존경으로 보답하자.

가득, 더 가득! 타오르는 가슴으로
한 번 더 밑바닥까지, 마지막 한 방울까지 마셔라!
그러나 누구를 위해? 오, 벗들이여, 맞춰 봐라….
우리의 차르 만세! 그래! 차르를 위해 마시자.
그는 인간이다! 순간이 그를 지배한다.
그는 소문과 의심과 정념의 노예이니,
그의 부당한 박해를 용서하자.
그가 파리를 점령했고, 그가 리체이를 세웠노라.

우리가 아직 여기 있는 동안 연회를 즐겨라!
아아, 우리의 대열은 시시각각 줄어든다.
누군가는 무덤 속에 잠들고, 누군가는 멀리 외톨이가 되었네.
운명이 우리가 시드는 것을 지켜보고 날들이 달아나니,
모르는 사이에 등이 굽고 피가 식어
우리는 우리의 시초로 다가가노라….
우리 중 누가 노년에 이르러
홀로 리체이의 날을 축하하게 될 것인가?

불행한 벗이여! 새로운 세대들의 틈에서
쓸모없고 낯설고 성가신 객이 된 그는
떨리는 손으로 두 눈을 가린 채
우리와 우리가 하나 되었던 날들을 회상하겠지….
너희의 유배당한 은둔자인 내가 지금
비애와 근심 없이 이날을 보낸 것처럼,
술잔을 벗 삼은 슬픈 위안으로나마
그때 그가 이날을 보내게 하라.

1825

그대를 향한 기억에 모든 것을 제물로 바치노라
Все в жертву памяти твоей…

그대를 향한 기억에 모든 것을 제물로 바치노라.
영감에 찬 리라의 목소리도,
불타오르는 처녀의 눈물도,
내 질투의 떨림도,
영광의 광채도, 유배의 암흑도,
맑은 사유의 아름다움도,
복수, 사무친 고통이 낳은
격렬한 염원도.

1825

겨울밤

Зимний вечер

폭풍이 눈보라를 일으켜
하늘을 어둠으로 뒤덮네.
짐승처럼 울부짖다가
아이처럼 흐느끼고,
쇠락한 지붕을 지나며
갑자기 짚을 서걱거리게 하다가
때늦은 나그네인 양
우리 집 작은 창을 두드리네.

우리 낡은 오두막은
서글프고 어둡구나.
나의 할멈,* 어찌하여

* 나의 할멈 : 푸시킨의 유모 아리나 로디오노브나(Арина Родионовна)다. 시인의 정신적 어머니이자 문학적 뿌리였고, 유배지

창가에서 말이 없나?
나의 벗, 울부짖는 눈보라 소리에
진절머리가 났나?
아니면 윙윙대는 물레 소리에
졸음이 쏟아지나?

내 초라한 청춘의
선한 벗, 마시세.
슬픔의 술잔을 드세. 잔은 어디 두었어?
마음이 한결 밝아질걸세.
바다 너머에 조용히 살았던
박새의 노래를 불러 주게.
이른 아침 물 길러 나선
처녀의 노래를 불러 주게.

폭풍이 눈보라를 일으켜

미하일롭스코예에서 그의 곁을 지키며 고독을 함께 나눈 유일한 벗이었다.

하늘을 어둠으로 뒤덮네.
짐승처럼 울부짖다가
아이처럼 흐느끼네.
내 초라한 청춘의
선한 벗, 마시세.
슬픔의 술잔을 드세. 잔은 어디 두었어?
마음이 한결 밝아질걸세.

1825

조국의 푸른 하늘 아래서

Под небом голубым страны своей родной…

조국의 푸른 하늘 아래서
  그녀는 고통 속에 시들어 갔네….
끝내 시들어, 젊은 망령이 어쩌면
  내 머리 위를 이미 떠돌았는지 모르네.
그러나 우리 사이에는 넘지 못할 선이 있네.
  나는 부질없이 감정을 일깨웠네.
무심한 입들이 전하는 죽음의 소식에
  나도 무심히 귀 기울였네.
그토록 강렬한 긴장 속에서,
  그토록 부드럽고 괴로운 애수에 젖어,
그토록 타오르는 영혼으로 미친 듯이,
  그토록 고통스럽게 사랑했던 사람이여!
고통은 어디에 있는가? 사랑은 어디에 있는가? 아아, 내 영혼 속에는
  믿음에 찬 가련한 망령을 위한,
되돌릴 수 없는 날들의 달콤한 추억을 위한,

눈물도 한탄도 찾을 수 없구나.

1826

고백

Признание

알렉산드라 이바노브나 오시포바*에게

비록 미칠 노릇이어도, 비록 헛된
수고와 수치이어도, 당신을 사랑합니다.
이 불행한 어리석음에 빠져
당신의 발치에 엎드려 고백합니다!
체통에도 맞지 않고 나이에도 어울리지 않지요….

* 알렉산드라 이바노브나 오시포바(Александра Ивановна Осипова) : 푸시킨이 가문 영지인 미하일롭스코예에 유배되었을 때, 이웃 영지인 트리고르스코예(Тригорское)에 살던 프라스코비야 오시포바(Прасковья Осипова) 부인의 의붓딸로 '알리나'는 애칭이다. 고립된 유배 생활 속에서 푸시킨은 이웃집 오시포바 가문의 여인들과 교류하며 큰 위안을 얻었다. 알리나는 당시 19세 전후의 재기발랄하고 아름다운 아가씨였고, 푸시킨은 그녀에게 반해 이 시를 헌정했다.

이제는, 이제는 철이 들 때가 되었건만!
하지만 온갖 징후로
내 영혼에 깃든 사랑의 병을 깨달아요.
당신이 없으면 지루해서 하품만 나오네요.
당신 곁에선 애달파져 꾹 참고 있네요.
이제는 견딜 재간이 없어, 나의 천사여,
내가 당신을 얼마나 사랑하는지 말하고 싶다오!
당신의 가벼운 발소리나 옷자락 소리나
청초하고 순결한 목소리가
응접실에서 들려올 때면,
나는 갑자기 정신을 모조리 잃는답니다.
당신이 미소 지으면 나는 위안을 받고,
당신이 돌아서면 나는 애수에 젖어요.
당신의 창백한 손은 나의
고통의 하루에 대한 보상이지요.
당신이 무심코 몸을 숙여
눈길과 머리채를 내려뜨리고
열심히 수를 놓고 앉아 있을 때면,
나는 아이처럼 감동에 젖어 말없이
다정하게 당신을 바라봅니다…!
때로 궂은 날씨에 당신이

저 멀리 나들이 갈 채비를 할 때면,
내 불행을, 질투 어린 나의 슬픔을
당신에게 말해 볼까요?
당신이 홀로 흘리는 눈물은,
구석에서 둘이 나누는 말들은,
오포치카* 여행은,
밤의 피아노 연주는요…?
알리나! 날 불쌍히 여겨 주어요.
난 사랑을 요구할 엄두를 못 냅니다.
어쩌면 내가 지은 죄들 때문에,
나의 천사여, 난 사랑받을 자격이 없겠지요!
하지만 사랑하는 척해 주어요! 이 눈빛은
무엇이든 그토록 기막히게 표현할 수 있으니까요!
아, 날 속이는 건 어렵지 않아요…!
나 스스로 속음이 기쁘니까요!

1826

* 오포치카 : 미하일롭스코예 인근에 있는 작은 마을이다.

예언자
Пророк

영적 갈증에 허덕이며
암울한 황야에서 나는 헤매었노라.
그때 여섯 날개 달린 세라핌*이
갈림길에서 내 앞에 나타났네.
꿈결처럼 가벼운 손가락들로
그가 나의 눈동자를 만졌으니,
놀란 암독수리의 눈같이
예언의 눈동자가 활짝 열렸노라.
그가 나의 귀를 만져,
소음과 울림으로 가득 채웠네.
그리하여 나는 하늘의 전율과

* 세라핌 : 천사의 9등급 중 가장 높은 제1계급인 '치천사'로, 신과 가장 가까운 곳에서 사랑의 불길로 타오르는 존재다. 성경 〈이사야서〉 6장에 등장하며, 여섯 개의 날개를 가진 형상으로 묘사된다.

천사들의 천상 비행과
바다 괴물들의 물 밑 움직임과
지상 포도 덩굴의 자라남을 들었노라.
그리고 그는 내 입술에 몸을 굽혀,
말만 번지르르하고 교활한
나의 죄 많은 혀를 뽑아내고는,
피투성이 오른손으로
얼어붙은 내 입속에
지혜로운 뱀의 혀를 집어넣었네.
그리고 그는 검으로 내 가슴을 갈라
떨리는 심장을 끄집어내고는,
불길로 타오르는 숯덩이를
벌어진 가슴 안으로 밀어 넣었노라.
나는 황야에 시체처럼 누워 있었네.
그때 신의 목소리가 나에게 호소했노라.
"일어나라, 예언자여, 보고 들을지어다,
나의 뜻으로 가득 차서
바다와 땅을 두루 다니며
말로 사람들의 심장을 불살라라."

1826

스탄스*

Стансы

영광과 선에 대한 희망 속에서
두려움 없이 나는 앞을 내다보노라.
표트르의 영광스러운 나날의 시초는
반란과 처형들로 암울했노라.*

* 스탄스 : 이탈리아어 'Stanza'에서 유래한 시 형식으로, 형식과 내용에서 어느 정도 자기 완결성을 갖는 각 연이 4행으로 구성된 연시를 의미한다. 주로 명상적, 철학적, 교훈적 내용을 다룰 때 사용하며, 격조 높고 진중한 분위기를 자아낸다.
1826년 12월, 푸시킨이 유배에서 풀려나 모스크바에서 니콜라이 1세(Николай I)와 대면한 직후 쓴 시로, 표트르 대제(Пётр Великий)와의 역사적 유비 관계 속에서 시베리아에 유배된 데카브리스트들에 대한 관용을 호소하는 메시지를 담았다.

* 표트르의 영광스러운 나날의 시초는 / 반란과 처형들로 암울했노라 : 표트르 대제의 치세 초기에 일어난 '스트렐치(총병대) 반란'과 그에 따른 잔혹한 진압을 말한다. 이는 당시 니콜라이 1세가 데카브리스트들을 처형한 상황과 역사적 평행 관계를 이룬다.

그러나 그는 진리로 마음을 사로잡고
학식으로 풍속을 순화하였나니,
그의 앞에서는 맹렬한 총병보다
돌고루키*가 더욱 돋보였노라.

그는 전제의 손길로
과감하게 계몽의 씨앗을 뿌렸으며,
조국을 경멸하지 않았노라.*
그는 조국의 소명을 알았음이라.

학자이기도, 영웅이기도,
항해사이기도, 목수이기도 한

* 야코프 돌고루키(Яков Долгорукий) 공작 : 표트르 대제의 측근이었지만, 황제의 잘못된 결정에 당당히 반대하고 고언을 아끼지 않았던 충직하고 강직한 신하의 상징이다.

* 조국을 경멸하지 않았노라 : 강제적인 서구화 정책을 단행하여 '러시아의 뿌리를 무시한다'는 비판을 받았던 표트르 대제에 대한 시인의 변호를 담은 말이다.

그는 모든 것을 포용하는 영혼으로
옥좌에 앉은 영원한 일꾼이었어라.

그러니 친족 간의 닮음을 자랑스러워하라.
매사에 선조를 닮으라.
그처럼 끈기 있고 강건할 것이며,
그처럼 기억에 너그러우라.*

1826

* 그처럼 기억에 너그러우라 : 표트르가 총병대를 처형했지만 결국 그들의 죄를 잊고 유배자들을 등용했듯이, 니콜라이 1세 당신도 데카브리스트들에 대한 앙심을 버리고 그들을 사면해 달라는 호소다.

겨울 길

Зимняя дорога

굽이치는 안개를 헤치고
달이 가네.
구슬픈 숲속 풀밭에
구슬프게 빛을 쏟네.

따분한 겨울 길을
날랜 트로이카*가 달려가네.
단조로운 방울 소리가
지루하게 울리네.

마부의 긴 노래 속에서

* 트로이카 : 세 마리의 말이 나란히 서서 끄는 러시아 전통 마차다. 러시아 문학에서 트로이카는 흔히 '어디로 가는지 모르고 질주하는 러시아의 운명' 혹은 '자유'의 상징이다.

친근한 무언가가 들려오네.
때로는 무모한 흥청거림이,
때로는 애끓는 애수가….*

불빛도, 컴컴한 농가도 없네….
황야와 눈… 오직
줄무늬 이정표*만
마주쳐 오네.

지루하고, 슬프구나…. 내일은, 니나,
내일은, 그리운 그대에게 돌아가,
벽난로 가에서 나를 잊은 채
넋을 잃고 하염없이 그대를 바라보리라.

* 때로는 무모한 흥청거림이, / 때로는 애끓는 애수가… : 광기와 비애가 공존하는 러시아 정신의 양면성을 말한다. 자신을 내던지는 파괴적인 호기와, 영혼의 심연을 파고드는 지독한 허무가 러시아 민요 속에서 하나의 선율로 울린다.

* 줄무늬 이정표 : 1베르스타(약 1.067킬로미터)마다 세워진 검고 흰 줄무늬 기둥으로, 끝없는 설원 속에서 유일한 길잡이 역할을 했다.

시곗바늘이 낭랑하게
율동적인 원운동을 마치면,
한밤은 성가신 이들을 물리치고
우리는 떼어 놓지 않으리라.

슬프구나, 니나. 나의 길은 따분하네.
마부는 조느라 잠잠하고,
방울 소리는 단조롭고,
달의 낯빛은 뿌옇구나.

1826

유모에게

Няне

내 모진 나날의 벗이여,
나의 늙은 산비둘기여!
그대는 홀로 솔숲 외딴곳에서
오래도록, 오래도록 날 기다립니다.
그대는 다락방 창 아래서
파수를 보듯 근심에 젖고,
그대의 주름진 손안에서
뜨개바늘은 자꾸만 더뎌집니다.
그대는 잊힌 대문 너머
저 멀리 뻗은 검은 길을 바라봅니다.
애수가, 예감이, 걱정이
끊임없이 그대의 가슴을 조여 옵니다.
그대는 문득….

1826

시베리아의 광산 깊은 곳에서*

Во глубине сибирских руд…

시베리아의 광산 깊은 곳에서
긍지에 찬 인내를 견지하라.
너희의 비애에 찬 노역과
고귀한 마음의 지향은 헛되지 않으리라.

불행의 신실한 자매인
희망이 암흑의 지하에서
활기와 즐거움을 깨우리니,
열망하는 시절이 오리라.

* 이 시는 시베리아에 유배된 데카브리스트들에게 일종의 '희망의 격문'으로 보낸 비밀 서신이다. 남편을 따라 유배지로 향하던 데카브리스트의 아내 알렉산드라 무라비요바(Александра Муравьева) 부인이 옷 속에 숨겨 전했다.

너희의 좁고 어두운 감방에
내 자유의 목소리가 가닿듯,
어두운 빗장을 뚫고
사랑과 우정이 너희에게 이르리라.

무거운 족쇄가 떨어지고
감옥이 무너지는 날, 자유가
입구에서 기쁘게 너희를 맞고,
형제들이 장검을 건네주리라.

1827

아리온*

Арион

배에 탄 우리는 많았노라.
어떤 이들은 돛을 팽팽히 당기고
다른 이들은 힘을 모아
힘찬 노를 깊이 저었네. 정적 속에서
우리의 현명한 조타수는 키에 몸을 숙이고
말없이 묵직한 배를 몰았네.
나는 태연한 믿음에 가득 차
뱃사람들에게 노래를 불러 주었네…. 갑자기
요란한 회오리가 파도의 품속을 덮쳐 짓이겼노라….
조타수도 뱃사람도 죽음을 맞았노라!

* 아리온(Arion) : 선원들의 음모로 바다에 던져졌으나 그의 노래에 감동한 돌고래에 의해 구조되었다는 고대 그리스 신화의 시인이다. 이 시는 데카브리스트 반란에 직접 가담하지 않아 화를 면한 시인이 이 이야기를 빌려 와 쓴, 데카브리스트들에게 바치는 비밀스러운 추모사다.

오직 신비에 싸인 가인인 나만
폭풍이 해변에 내던졌노라.
나는 옛 찬가를 부르며
나의 젖은 제의를
바위 아래 햇살에 말리노라.

1827

천사

Ангел

에덴의 문 앞에는 온화한 천사가
고개를 숙인 채 빛나고 있었고,
음울하고 반항적인 악마는
지옥의 심연 위를 떠돌았다.

부정의 영, 의심의 영이
순결한 영을 바라보며
억누를 수 없는 감동의 열기를
처음으로 어렴풋이 느꼈다.

"용서해라," 그가 말했다. "나는 너를 보았고,
너는 헛되이 내게 빛난 것이 아니다.
내가 하늘의 모든 것을 증오한 것은 아니다,
내가 세상의 모든 것을 경멸한 것은 아니다."

1827

시인

Поэт

  아폴론이 성스러운 제물로
시인을 요구할 때까지,
덧없는 세상의 근심에
그는 소심하게 잠겨 있다.
그의 성스러운 리라는 침묵한다.
영혼이 차가운 잠을 맛보니,
세상의 하찮은 자식들 가운데
어쩌면 그가 가장 보잘것없으리라.

  그러나 신의 말이
예민한 귓가에 닿기만 하면,
깨어난 독수리처럼
시인의 영혼은 날개를 친다.
그는 세상의 즐거움에 권태를 느끼고,
세간의 풍문을 멀리하며,
민중의 우상의 발치에
오만한 머리를 숙이지 않는다.

거칠고 준엄한 그는
소리와 혼돈으로 가득 차서,
황량하게 파도치는 해변으로,
드넓게 술렁이는 참나무숲으로 달려간다….

1827

금빛 찬란한 베네치아가 군림하는 곳 근처에서
Близ мест, где царствует Венеция златая…

금빛 찬란한 베네치아가 군림하는 곳 근처에서,
홀로 한밤의 사공이 곤돌라를 저어
빛나는 샛별 아래 가까운 바다를 떠가며
리날도, 고드프레도, 에르미니아*를 노래하네.
그는 제 노래를 사랑하네, 앞날의 계획 없이
즐거움을 위해 노래하네. 명성도, 두려움도,
희망도 알지 못하고, 고요한 뮤즈로 가득 차서
파도의 심연 위 제 길을 즐겁게 할 줄 아네.
암흑에 잠긴 나의 외로운 돛단배를
폭풍이 그토록 잔혹하게 박해하는 삶의 바다 위에서,
그처럼 나는 반향 없이 위안으로 노래하고

* 리날도, 고드프레도, 에르미니아 : 16세기 이탈리아 시인 토르콰토 타소(Torquato Tasso)의 서사시 〈해방된 예루살렘(La Gerusalemme liberata)〉의 주인공들이다.

은밀한 시구를 곱씹기를 좋아하노라.

1827

부적

Талисман

바다가 황량한 절벽에
영원히 철썩이는 곳,
저녁 어스름의 달콤한 시간에
달이 더욱 따스하게 빛나는 곳,
무슬림 사내가 하렘에서
향락의 나날을 보내는 곳,
그곳에서 한 마녀가 나를 애무하며
부적을 주었네.

나를 애무하며 그녀는 말했네.
"나의 부적을 간직해요.
신비한 힘이 담겨 있어요!
사랑으로 당신에게 주어요.
질병에서, 무덤에서,
폭풍에서, 혹독한 광풍에서,
내 사랑이여, 나의 부적은
당신의 머리를 구해 주지 못할 거예요.

나의 부적은 동방의 부귀를
당신에게 선물하지도 못하고,
예언자를 숭배하는 무리를
당신에게 굴복시키지도 못하고,
남방의 슬픈 이국땅에서
북방의 조국으로,
벗의 품으로, 당신을
쏜살같이 데려다주지도 못할 거예요….

하지만 간교한 눈동자가
문득 당신을 매혹할 때는,
아니면 한밤의 어둠 속에서
사랑 없는 입술이 입맞춤할 때는,
사랑하는 벗이여! 죄악에서,
새로운 가슴의 상처에서,
배신에서, 망각에서
나의 부적이 지켜 줄 거예요!"

1827

벗들에게(아니, 차르에게 자유로운 찬가를)*

Друзьям(Нет, я не льстец, когда царю…)

아니, 차르에게 자유로운 찬가를
지어 바칠 때도, 나는 아첨꾼이 아니라네.
나는 담대하게 감정을 표현하고
심장의 언어로 말하네.

나는 그저 그가 좋아졌네.
그는 박력 있고 공정하게 우리를 다스리네.
전쟁으로, 희망으로, 노고로
그는 단숨에 러시아를 소생시켰노라.

오, 아니다! 그의 내면에 젊음이 들끓어도
군주의 성품은 잔혹하지 않네.

* 〈스탄스〉를 두고 자유주의자들이 푸시킨을 '변절자'라고 비난하자 그에 대한 응답으로 쓴 자기변호의 시다.

공공연히 처벌한 이에게
그는 남몰래 자비를 베푸나니.

나의 삶은 추방 속에 흘러
사랑하는 이들과의 결별을 견뎌야 했지만,
그가 나에게 제왕의 손을 뻗어
나는 다시 그대들과 함께하네.

그는 내 안의 영감에 경의를 표하고
나의 생각을 자유롭게 해 주었으니,
내 어찌 진심 어린 감동에 젖어
그에게 찬가를 부르지 않겠는가?

내가 아첨꾼이다! 아니, 형제들이여, 아첨꾼은 간사하네.
그는 차르에게 불운을 불러올 것이고,
그는 군주의 권리 중에서
오직 하나 자비만을 제한할 것이네.

그는 말하리라. 민중을 멸시하라,
자연의 부드러운 목소리*를 억누르라.
그는 말하리라. 계몽의 열매는

방종이며 일종의 반란의 정신이다.

노예와 아첨꾼만 옥좌 가까이 있고
하늘이 택한 가인은
눈을 내리깔며 침묵하는
나라에는 재앙이 있나니.

1828

* 자연의 부드러운 목소리 : 인간의 타고난 선한 본성, 연민과 자비심을 말한다.

회상

Воспоминание

필멸의 존재를 위해 소란한 하루가 잠잠해지고
　말 없는 도시의 거리에
반투명한 밤의 그림자와 낮의 노고에 대한 포상인
　잠이 내려앉을 때,
그때 나에게는 괴로운 각성의 시간이
　정적 속에서 느릿느릿 흐른다.
뱀처럼 심장을 깨무는 회한이 한밤의 무위 속에서
　더 격렬하게 가슴을 태운다.
망상이 들끓는다. 애수에 짓눌린 머릿속에서
　무거운 상념이 넘칠 듯이 북적댄다.
회상이 말없이 내 앞에
　제 긴 두루마리를 풀어 놓는다.
혐오에 차서 나의 삶을 읽으며
　나는 떨며 저주한다.
쓰라린 한탄 속에 쓰라린 눈물을 쏟는다.
　하지만 나는 슬픈 행들을 씻어 내지 않는다.

1828

너와 당신

Ты и вы

공허한 **당신**을 그녀는 무심코
다정한 **너**로 바꾸어,
사랑에 빠진 영혼 속에
온갖 행복한 상상을 불러일으켰네.
그녀 앞에 나는 생각에 잠긴 채 서서
그녀에게서 눈을 떼지 못하네.
나는 그녀에게 말하네. "**당신**은 참 사랑스럽네요!"
그리고 생각하네. '**너**를 얼마나 사랑하는지!'

1828

부질없는 선물, 우연한 선물

Дар напрасный, дар случайный…

1828년 5월 26일*

부질없는 선물, 우연한 선물,
삶이여, 너는 왜 나에게 주어졌는가?
알 길 없는 운명은 왜
너에게 처형을 선고했는가?

누가 적대적인 권능으로 나를
무에서 불러내서,
내 영혼을 격정으로 채우고
내 이성을 의혹으로 뒤흔들었는가…?

* 1828년 생일에 쓴 시다.

나의 앞에 목표는 없다.
가슴이 텅 비었고, 이성은 할 일 없다.
단조로운 삶의 소음에
나는 애수로 지쳐 간다.

1828

아름다운 여인이여, 내 앞에서

Не пой, красавица, при мне…

아름다운 여인이여, 내 앞에서
슬픈 그루지야*의 노래를 부르지 마오.
다른 삶과 머나먼 해변을
그 노래들은 나에게 떠오르게 한다오.

아아! 그대의 잔혹한 선율은
초원도, 밤도, 저 멀리
달빛 아래 선 가여운 처녀의 모습도
나에게 떠오르게 한다오…!

그리운 숙명적 환영을,
나는 그대를 보면 잊지만,

* 그루지야 : 현 조지아.

그대가 노래하면 그 모습이
또다시 눈앞에 아른거린다오.

아름다운 여인이여, 내 앞에서
슬픈 그루지야의 노래를 부르지 마오.
다른 삶과 머나먼 해변을
그 노래들은 나에게 떠오르게 한다오.

1828

예감

Предчувствие

또다시 고요 속에 먹구름이
내 머리 위로 모여들었네.
질투에 찬 운명이 나를
또다시 재앙으로 위협하누나….
운명에 대한 멸시를 간직하랴?
내 오만한 젊음의
불굴과 인내로
운명을 맞으랴?

격렬한 삶에 지쳐 나는
무심하게 폭풍을 기다리네.
어쩌면 또 구원받아
또다시 나는 안식처를 찾겠지….
그러나 이별을, 피할 길 없는
두려운 시각을 예감하며,
나의 천사여, 나는 마지막으로
그대의 손을 쥐려 서두르네.

온화하고 평온한 천사여,
조용히 **안녕**이라 말해 주오.
슬퍼해 주오. 그대 다정한 눈길을
들거나 떨구어 주오.
그러면 그대의 추억이
나의 영혼에서
젊은 날의 힘과 오만과 희망과
용기를 대신하리라.

1828

안차르*

Анчар

시들고 인색한 황야,
폭염에 달구어진 땅 위에
무시무시한 보초처럼 안차르가
온 우주에 홀로 서 있다.

목마른 초원의 자연이
분노의 날에 그를 낳아,
가지의 죽은 초록도
뿌리도 독으로 적셨다.

독은 껍질을 뚫고 방울져 떨어지다가
한낮에는 땡볕에 녹아내리고

* (지은이 주) 안차르 : 독나무.

저녁이면 걸쭉하고
투명한 진으로 굳는다.

그에게는 새도 날아들지 않고
호랑이도 오지 않는다. 검은 회오리바람만
죽음의 나무에 몰아쳤다가
어느새 독을 머금고 달아난다.

먹구름이 떠돌다가
그의 무성한 잎을 적시면,
이미 독이 스민 빗물이 그의 가지에서
뜨거운 모래땅으로 흘러내린다.

인간을 인간이
위압적인 눈길로 안차르에게 보냈다.
그러자 그는 순순히 길을 떠나
아침 무렵 독을 가지고 돌아왔다.

그는 죽음의 나뭇진과
잎이 시든 가지를 가져왔고,
땀이 차가운 개울처럼

창백한 이마에서 흘러내렸다.

그는 독을 가져오고는, 쇠약해져서
오두막 천장 아래 거적 위에 누웠다.
아무도 꺾을 수 없는 지배자의 발치에서
불쌍한 노예는 죽었다.

공후*는 그 독으로
자신의 순종적인 화살들을 적셔,
이웃 나라들의 국경 너머로
파멸을 쏘아 보냈다.

1828

* 공후 : 1828년에 쓴 초고와 1832년 초판에는 원래 '차르(царь)'라고 적혀 있었다. 검열을 통과하기 위해 푸시킨이 '차르' 대신 "공후(князь)"로 단어를 수정하여 발표했다.

꽃
Цветок

바싹 말라 향기를 잃은 꽃송이 하나,
내 눈앞 책갈피 속에 잊힌 채 있네.
내 영혼은 어느새
기묘한 몽상으로 가득하네.

어디에서 피었을까? 언제? 어느 봄에?
오래 피었을까? 누가 꺾었을까?
낯선 손이, 아니면 아는 손이?
어째서 여기 꽂혀 있을까?

다정한 만남, 아니면
숙명적인 이별의 기념인가?
아니면 들판의 고요 속을, 숲의 그늘 속을
홀로 걷던 길의 추억인가?

그 남자는, 그리고 그 여자는 살아 있을까?
지금은 어느 구석에서 살고 있을까?

아니면 이 이름 모를 꽃송이처럼,
그들도 이미 시들어 버렸을까?

1828

시인과 군중

Поэт и толпа

물러가거라, 불경한 자여.

Procul este, profani.*

시인은 영감에 찬 리라를
무심한 손길로 튕겼다.
그가 노래하는데, 완전히 문외한인
차갑고 오만한 대중은
분별없이 귀를 기울였다.

우둔한 군중이 떠들어 댔다.

* 물러가거라, 불경한 자여(Procul este, profani) : 라틴어로서 '신성한 의식에 참여할 자격이 없는 자들은 멀리 물러나라'는 뜻이다. 푸블리우스 베르길리우스 마로(Publius Vergilius Maro)의 〈에네이스(Aeneis)〉에 나오는 구절이다.

"저자는 왜 저리 낭랑하게 노래하나?
쓸데없이 귀를 아프게 하는
목적이 뭔가?
뭘 저리 짤그랑대나? 뭘 가르치려 드는 건가?
어째서 방자한 마법사처럼
마음을 뒤흔들고 괴롭히는가?
그의 노래는 바람처럼 자유롭지만
대신 또 바람처럼 헛되니
우리한테 무슨 이익이 되겠는가?"

시인

어리석은 군중아, 입을 다물어라,
먹고사는 데만 급급한 날품팔이 노예들아!
너희들의 뻔뻔한 불평을 참을 수가 없구나.
너희는 지상의 버러지, 천상의 자식이 아니다.
너희에겐 모든 게 벌이일 테지. 너희는
벨베데레의 신상*을 무게로 평가하지.
너희는 그 안에 담긴 이익, 이익을 보지 못하는구나.
그러나 이 대리석은 과연 신이 아니더냐…! 그래서 뭐?

너희에겐 화로 냄비가 더 소중하지.
먹을거리를 끓이니까.

군중

아니, 네가 하늘이 선택한 자라면,
신의 사자여, 네 재능을
우리의 행복을 위해 사용해라.
형제들의 심성을 바로잡으란 말이다.
우리는 소심하다, 우리는 교활하고
파렴치하고 사악하고 배은망덕하다.
우리는 심장을 거세당한 차가운 인간들,
비방자들, 노예들, 바보들이다.
죄악의 덩어리가 우리 안에 똬리를 틀고 있다.
이웃을 사랑하는 네가
우리에게 담대한 교훈을 준다면,

* 벨베데레의 신상 : '벨베데레의 아폴론(Apollo del Belvedere)' 상을 말한다. 서구 예술사에서 '완벽한 미'의 상징이다.

우리는 네 말에 귀 기울이리라.

시인

저리 비켜라. 평화로운 시인에게
너희가 무슨 상관이란 말이냐!
방탕 속에서 거침없이 돌덩이가 되어 버려라.
리라의 목소리는 너희를 되살리지 못하리라!
너희는 관처럼 영혼에 역겹다.
너희의 어리석음과 패악을 위해
너희는 이때까지
채찍과 감옥과 도끼를 지녀 왔다.
너희에겐 그것으로 족하다, 미친 노예들아!
너희들 도시의 소란스러운 거리에서
쓰레기를 쓸어 내는구나. 유익한 노동이다!
그러나 자기 사역과
제단과 제물을 잊고
사제가 너희 대신 빗자루를 들겠느냐?
일상의 걱정거리를 위해서가 아니라,
탐욕을 위해서가 아니라, 싸움을 위해서가 아니라,
영감을 위해, 달콤한 소리와 기도를 위해

우리는 태어났노라.

1828

예나 지금이나, 나는 변함이 없네

Каков я прежде был, таков и ныне я...

예나 지금이나, 나는 변함이 없네.

Tel j'étais autrefois et tel je suis encor.*

예나 지금이나, 나는 변함이 없네.
태평하고, 사랑에 잘 빠지지. 벗들이여, 너희가 알지,
내 어찌 아름다움을 감동 없이, 수줍은 다정함과
은밀한 떨림 없이 바라볼 수 있겠는가?
사랑이 내 삶을 가지고 논 적이 어디 적으냐?
키프리다*가 쳐 놓은 기만의 그물 속에서

* 예나 지금이나, 나는 변함이 없네(Tel j'étais autrefois et tel je suis encor) : 앙드레 셰니에의 〈엘레지 24번(Élégie XXIV)〉에서 가져온 것이다. 시의 첫 행은 푸시킨이 이 제사를 러시아어로 옮겨 적은 것이다.

* 키프리다(Киприда/Cypris) : 사랑의 여신 아프로디테의 별칭으로 '키프로스의 여인', '키프로스의 주인'이라는 뜻이다.

내가 젊은 매처럼 몸부림친 적이 어디 적으냐?
백번의 모욕에도 고쳐지지 않아,
나는 새로운 우상들에게 나의 기도를 바치네….

1828

그루지야의 언덕에 밤안개가 내리고

На холмах Грузии лежит ночная мгла…

그루지야의 언덕에 밤안개가 내리고
　아라그바강*이 눈앞에서 술렁이네.
나는 우울하고 가볍네. 나의 슬픔은 밝네.
　나의 슬픔은 그대로 가득하네,
그대로, 그대 하나로…. 나의 우수는
　그 무엇도 괴롭히지 못하네, 흩뜨리지 못하네.
가슴은 또다시 타오르고 사랑하네. 가슴은
　사랑하지 않을 수 없기에.

1829

* 아라그바(Арагва)강 : 조지아에 있는 큰 강의 이름이다. 현대 공식 지명은 '아라그비(Арагви)'다.

길 위의 한탄

Дорожные жалобы

때로는 콜랴스카*를 타고, 때로는 말을 타고,
때로는 키빗카*를 타고, 때로는 카레타*를 타고,
때로는 텔레가*를 타고, 때로는 걸어서,
나 오래 세상을 떠돌아야 하나?

틀림없이 신은 나에게,
물려받은 방구석이 아니라,

* 콜랴스카(Коляска) : 상부가 개방된, 산책용 혹은 유람용 가벼운 사륜마차.

* 키빗카(Кибитка) : 장거리 여행 시 사용한, 가죽이나 펠트로 만든 둥근 덮개가 있는 투박한 마차.

* 카레타(Карета) : 문이 있고 사면이 막힌 고급 사륜마차로, 귀족들이 장거리 이동 시 품위를 유지하기 위해 탔다.

* 텔레가(Телега) : 스프링 장치가 전혀 없는, 나무로 된 짐마차 혹은 수레.

조상의 무덤 가운데가 아니라,
한길에서, 말발굽 아래 돌밭에서,

수레바퀴 밑 산속에서,
아니면 허물어진 다리 아래
물에 파인 도랑 속에서
죽으라고 판결을 내린 것이다.

아니면 역병이 나를 낚을 것이다.
아니면 혹한이 뼈로 변하게 할 것이다.
아니면 느릿느릿한 노병이
내 이마에 차단기를 박을 것이다.

아니면 숲속 한편에서
악당의 칼과 맞닥뜨릴 것이다.
아니면 어디선가 격리 중에
따분함에 뒈질 것이다.

허기진 애수 속에서 나 오래
원치 않는 금식을 지키고
차가운 송아지 고기로

야르의 트러플*을 추억해야 하나?

한자리에 머물며
먀스니츠카야 거리*를 돌아다니고,
시골에 대해, 신부에 대해
짬짬이 생각하는 게 훨씬 좋다!

럼주 한 잔, 밤에는 잠,
아침에는 차가 훨씬 좋다!
여보게들, 집에 있는 게 훨씬 좋다…!
자, 가자, 어서 몰아…!

1829

* 야르의 트러플 : 야르(Яр)는 19세기 모스크바에서 가장 유명했던 프랑스식 최고급 레스토랑, 트러플은 그곳의 시그니처 메뉴인 송로버섯 요리를 말한다.

* 먀스니츠카야(Мясницкая) 거리 : 모스크바의 유서 깊은 번화가.

겨울 아침

Зимнее утро

서리와 햇살. 경이로운 날이다!
매혹적인 벗, 그대는 아직 졸고 있구나.
아름다운 여인아, 때가 되었다, 깨어나라.
희열에 감긴 눈을 떠
북방의 아브로라*를 맞아라.
북방의 별이 되어 나타나라!

어젯밤엔, 기억하지, 눈보라가 미쳐 날뛰었잖아?
탁한 하늘을 짙은 안개가 휩쓸고 다녔어.
달은 흐릿한 얼룩처럼
먹구름 사이로 누렇게 배어 나왔고.
그리고 그대는 슬픔에 잠겨 앉아 있었지.

* 아브로라(Аврора) : 로마 신화의 새벽의 여신 '아우로라(Aurora)'.

그런데 지금은… 창밖을 봐.

파란 하늘 아래
찬란한 융단처럼
눈이 햇살에 빛나며 누워 있어.
투명한 숲 홀로 검게 보이고,
서리 사이로 전나무가 푸르고,
얼음 아래 개울이 반짝여.

온 방이 호박빛으로
환하네. 불 지핀 벽난로가
유쾌하게 타닥거려.
따뜻한 난롯가에서 생각에 잠기면 기분 좋지.
근데 있잖아, 썰매에다
밤색 암말을 매라고 하는 건 어떨까?

아침 눈 위를 미끄러지며,
사랑하는 벗이여, 조급한 말의
질주에 몸을 맡기고,
텅 빈 들판과, 얼마 전에는
그토록 무성하던 숲과,

나의 소중한 기슭을 찾아가자.

1829

당신을 사랑했습니다. 사랑은, 아마, 아직

Я вас любил, любовь еще, быть может…

당신을 사랑했습니다. 사랑은, 아마, 아직
내 영혼 속에서 완전히 꺼지진 않았나 보오.
그러나 사랑이 당신을 더 이상 괴롭히지 않게 하소서.
나는 그 무엇으로도 당신을 슬프게 하고 싶지 않아요.
때론 수줍음에, 때론 질투에 괴로워하며,
나는 말없이, 희망 없이, 당신을 사랑했습니다.
내가 그토록 진실되게, 그토록 부드럽게, 당신을 사랑한 그만큼,
당신이 다른 이에게 사랑받게 하소서.

1829

소란한 거리를 거닐 때나

Брожу ли я вдоль улиц шумных…

소란한 거리를 거닐 때나,
북적이는 성당에 들어갈 때나,
무모한 젊은이들 틈에 앉아 있을 때나,
나는 나의 상념에 잠긴다.

나는 말한다. 세월이 날아가고,
여기 있는 우리가 얼마이든,
우리는 모두 영원한 둥근 천장 아래로 내려가리라.
누군가의 때는 이미 가까웠다.

외로이 선 참나무를 바라볼 때면,
나는 생각한다. 숲의 족장은,
조상들의 시대를 견뎌 냈듯이,
망각에 처한 나의 생애도 넘어 살리라.

귀여운 아기를 어루만질 때면,
벌써 나는 생각한다. 안녕!

너에게 자리를 내어 주마.
나는 썩고, 너는 꽃필 시간이다.

날마다, 철마다 나는 생각에 잠겨,
도래할 죽음의 기일을
그 속에서 알아맞히려 애쓰며
시간을 떠나보내는 데 익숙해졌다.

운명은 어디에서 죽음을 나에게 보낼까?
전장에서, 방랑의 길 위에서, 파도 속에서?
아니면 이웃한 골짜기가
내 차가운 유해를 받아들일 것인가?

무감각한 육신이
어디서 썩든 마찬가지라 해도,
그래도 그리운 곳 가까이에서
나는 잠들고 싶어라.

무덤 어귀에서
어린 생명이 뛰놀게 하고,
무심한 자연이

영원한 아름다움으로 빛나게 하라.

1829

캅카스

Кавказ

캅카스를 발아래 둔다. 나 홀로
고지의 벼랑 가에 눈을 굽어보며 섰노라.
먼 봉우리에서 솟구친 독수리가
나와 나란히 가만히 떠 있구나.
여기서 나는 물줄기의 탄생과
가공할 눈사태의 첫 움직임을 본다.

여기서 먹구름은 내 발아래로 공손히 흘러가고,
그 사이로 폭포들이 아우성치며 떨어진다.
그 아래에는 벌거벗은 벼랑들의 웅장한 무리,
더 아래 저곳에는 빈약한 이끼와 메마른 떨기나무,
그런데 저곳은 벌써 숲, 푸른 장막이 드리워
새들이 지저귀고 사슴들이 뛰어논다.

저곳은 이미 사람들도 산중에 둥지를 틀고,
풀이 무성한 벼랑을 따라 양 떼가 기어가고,
아라그바강이 그늘진 둑 안을 내달리는

즐거운 골짜기로 목동이 내려가고,
말 탄 가난한 사내가 숨어드는 협곡에는
테레크강*이 사납도록 유쾌하게 뛰어놀며,

쇠창살 안에서 먹이를 본
젊은 짐승처럼 장난치고 울부짖고,
부질없는 적의에 차서 둑을 때리고,
굶주린 물결로 절벽을 핥는다….
헛되도다! 그에게는 먹이도 위안도 없다.
침묵하는 거대한 바위들이 그를 무섭게 조여 온다.

1829

* 테레크(Терек)강 : 조지아의 카즈베크산 만년설에서 발원하여 러시아 북캅카스를 거쳐 카스피해로 흘러드는 강이다. 이 시에서 아라그바강이 '조화와 평화'의 공간이라면, 테레크강은 '투쟁과 구속'의 공간이다.

차르스코예 셀로의 회상(회상으로 혼란해진 나는)*

Воспоминания в Царском Селе(Воспоминаньями смущенный…)

회상으로 혼란해진 나는
달콤한 애수로 가득 차,
아름다운 정원이여, 너희의 성스러운 어스름 아래로
고개를 숙인 채 들어간다.
그렇게 성서 속의 소년, 광기 어린 탕아가
참회의 잔을 마지막 한 방울까지 비워 내고는,
마침내 고향 집을 보고
고개를 떨군 채 흐느껴 울었다.

* 1829년 푸시킨이 유배 후 처음으로 차르스코예 셀로를 방문하여, 15년 전에 쓴 시와 동일한 제목, 운율, 연 형식으로 쓴 미완의 시다. 시인이 자신의 청춘에 보내는 비가이자 고해성사다. 미완성이라는 점은 이 시에 치유되지 않는 영원한 회한의 여운을 부여한다.

덧없는 환희의 열기 속에서,
허망한 세상사의 소용돌이 속에서,
오, 나는 닿을 수 없는 꿈을 좇아
많은 가슴의 보물을 탕진하고
오래도록 방황했고, 지친 채
회한으로 타오르며, 재앙을 예감하며,
축복받은 땅이여, 자주 너를 생각하고
이 정원들을 마음에 그렸노라.

너희 사이에 리체이가 솟은
행복한 날을 마음에 그리며
우리 놀이의 장난스러운 소동을 나는 다시 들었고,
가족인 벗들을 다시 보노라.
다시 때로는 격정적이고 때로는 나태한 다정한 소년이 되어,
어렴풋한 꿈을 가슴속에 감추고
초원을, 침묵하는 숲을 배회하며
나는 시인이 되어 나를 잊노라.

그리고 지난날의 자랑스러운 흔적들을
나는 내 눈앞에서 똑똑히 보노라.

여전히 위대한 여인으로 가득한,
　그녀가 사랑한 정원은
궁전과 성문과
석주와 탑과 신상을,
대리석의 영광도, 예카테리나의 독수리들*을 기리는
　구리의 찬가도 품고 있노라.

　영웅들의 혼령이 그들에게 바친
　기둥 곁에 내려앉으니,
보라. 여기 영웅, 전열을 짓부수는 자,
　카굴강 변의 페룬*이 있노라.
여기, 여기는 북방 함대의 강력한 지휘관*이니,
그의 앞에서 바다의 화마가 떠다니고 날아다녔노라.
여기는 그의 충직한 형제, 아르키펠라고의 영웅*이고,

* 예카테리나의 독수리들 : 예카테리나 2세 치하에서 러시아의 영토를 넓히고 제국의 영광을 이룩했던 장군들과 정치가들을 가리킨다.

* 카굴강 변의 페룬 : 표트르 루먄체프 장군을 말한다.

* 북방 함대의 강력한 지휘관 : 알렉세이 오를로프 제독을 말한다.

여기는 나바리노의 한니발*이로구나.

나는 어린 시절부터 여기에서
성스러운 추억들 속에서 자라났고,
그사이 이미 민족 전쟁의 물결이
나직이 술렁이며 날뛰었도다.
피비린내 나는 근심이 조국을 휘감아
러시아는 움직였고, 기병대의 먹구름이,
텁석부리 보병대가, 번뜩이는 구리 대포의 대열이
파도를 이루어 우리 곁을 지나갔노라.

*

* 아르키펠라고의 영웅 : 오를로프의 형제를 말한다.

* 나바리노의 한니발 : 푸시킨의 외증조부 아브람 간니발(Абрам Ганнибал)의 장남으로, 1770년 나바리노 요새를 함락한 이반 간니발(Иван Ганнибал)을 가리킨다. '간니발'은 '한니발'의 러시아어 표기다.

우리는 젊은 전사들을 바라보고,
먼 전투 소리에 귀 기울이며,
어린 시절도 …도
학문의 엄격한 속박도 저주했노라.
그리고 많은 이들이 돌아오지 못했도다. 새로운 노랫소리를 들으며
영광스러운 이들은 잠들었노라, 보로디노의 들판에,
쿨름의 고지에, 리투아니아의 엄혹한 숲속에,
몽마르트르* 근처에…

1829

* 쿨름, 리투아니아, 몽마르트르 : 러시아군이 나폴레옹군을 추격하며 거쳐 간 진격로다.

나의 이름이 너에게 무슨 소용인가?

Что в имени тебе моем?..

나의 이름이 너에게 무슨 소용인가?
먼 해변을 철썩인 슬픈 파도 소리처럼,
깊은 숲에서 나는 한밤의 소리처럼,
나의 이름은 죽고 말 것을.

알 수 없는 언어로 새겨진
비문의 문양을 닮은
죽은 흔적을 나의 이름은
앨범*에 남기고 말 것을.

나의 이름이 무슨 소용인가?

* 앨범 : 19세기 러시아 귀족 사회에서 '앨범'은 단순한 사진첩이 아니라, 지인들의 시, 격언, 서명, 그림 등을 수집하던 '사인첩'이자 '추억 수첩'이었다.

새로운 격정의 동요 속에서 오래전 잊힌
나의 이름은 그대의 영혼에
순수하고 다정한 추억을 주지 못할 것을.

그러나 슬픔의 날, 고요 속에서,
그리워하며 나의 이름을 불러 다오.
나에 대한 기억이 있다고, 세상에
내가 깃들어 사는 심장이 있다고 말해 다오….

1830

유희나 한가한 권태의 시각에

В часы забав иль праздной скуки...

유희나 한가한 권태의 시각에
나는 광기와 나태와 정열의
유약한 소리를
나의 리라에게 맡기곤 했네.

그러나 그대의 장엄한 목소리가
불현듯 나를 아연케 할 때면,
나는 그때에도 간사한 현의 소리를
나도 모르게 끊었지.

나는 예기치 않은 눈물을 쏟았고,
그대의 향기로운 말의
깨끗한 성유는
내 양심의 상처에 위안이 되었네.

그리고 이제 드높은 정신의 경지에서
그대는 나에게 손을 뻗어,

온유한 사랑의 힘으로
광포한 염원을 가라앉히네.

그대의 불길로 영혼이 타올라
공허한 지상의 어둠을 물리쳤고,
시인은 성스러운 전율 속에서
세라핌의 하프에 귀 기울이네.

1830

시인에게

Поэту

소네트(Сонет)

시인이여! 군중의 사랑에 연연하지 마라.
열광적인 찬사의 순간적인 소음이 지나가면,
어리석은 자의 심판과 차가운 군중의 조소가 들려오리라.
그러나 너는 굳건하고 차분하고 침울하게 남아라.

너는 제왕이니, 홀로 살아라.
좋아하는 사색의 결실을 다듬으며,
고결한 위업에 대한 보상을 요구하지 말고,
자유로운 지성이 너를 이끄는 대로 자유로운 길을 걸어라.

보상은 바로 네 안에 있다. 너 자신이 너의 최고 법정이다.
너는 누구보다 엄격하게 너의 노고를 평가할 줄 아노라.

준엄한 예술가여, 너는 너의 작품에 만족하는가?

만족한다고? 그렇다면 군중이 너의 작품을 욕하고,
너의 불길이 타오르는 제단에 침을 뱉고,
철없는 장난으로 너의 세발솥*을 흔들어도 상관 마라.

1830

* 세발솥 : 고대 그리스 델포이(Delphi) 신전에서 태양과 예술의 신 아폴론의 계시를 전하던 무녀 피티아(Pythia)가 앉았던 세 발 달린 성스러운 의자를 의미한다. 시인의 신성한 창작 영역과 예술적 권위의 상징이다.

마돈나*

Мадонна

소네트(Сонет)

늘 나는, 전문가의 거만한 의견에 귀 기울이는
방문객의 미신적인 경탄이나 끌어내려고,
옛 거장들의 많은 그림으로
나의 거처를 꾸미고 싶지는 않았노라.

내 소박한 방구석에서 느릿느릿 글을 쓰는 중에,
정결하기 그지없는 여인과 우리의 신성한 구세주가,
천사들 없이, 시온의 종려나무 아래에서
영광과 빛에 감싸인 온유한 그들만이,

* 약혼녀(미래의 아내) 나탈리야 곤차로바(Наталья Гончарова)를 '지상에 현신한 마돈나'로 찬양한 시다. 2년에 걸친 끈질긴 구애 끝에 마침내 약혼을 승낙받은 시인의 환희와 경건한 사랑이 담겨 있다.

그녀는 숭고한 눈길로, 그는 예지로운 눈길로,
구름에서 바라보듯 화폭에서 나를 바라보도록,
나는 영원히 한 그림, 한 그림의 관객이고 싶었노라.

나의 소망이 이루어졌도다. 창조주가 그대를,
나의 마돈나여, 그대를, 가장 순수한 매력의
가장 순수한 본보기를 내게 내려보내 주셨노라.

1830

‘볼디노의 가을’과 만년

1830~1837

악령

Бесы

먹구름이 내달린다, 먹구름이 소용돌이친다.
모습을 감춘 달이
날아가는 눈발을 비춘다.
하늘이 탁하다, 밤이 탁하다.
나는 텅 빈 벌판을 달려간다, 달려간다.
방울 소리 딸랑딸랑딸랑….
미지의 평원 속에서
어쩔 수 없이 무섭다, 무섭다!

"어이, 마부, 더 빨리…!" "기운이 다했습니다.
나리, 말들이 힘듭니다.
눈보라에 눈도 뜰 수 없어요.
길은 죄다 파묻혔고요.
차라리 죽이세요, 길은 자국 하나 안 보이니 원.
우린 길을 잃었어요. 이를 어떡합니까!
아무래도 악령이 벌판으로 우리를 끌고 가며
이리저리 돌리나 봅니다.

보세요. 저기, 저기서 장난질입니다.
나한테 바람을 뿜고 침을 뱉어요.
보세요, 이젠 미쳐 버린 말을
골짜기로 떼미네요.
저기서 전에 없던 이정표로
눈앞에 불쑥 솟아나더니,
저기선 작은 불꽃이 되어 반짝이고는
텅 빈 어둠 속으로 사라졌어요."

먹구름이 내달린다, 먹구름이 소용돌이친다.
모습을 감춘 달이
날아가는 눈발을 비춘다.
하늘이 탁하다, 밤이 탁하다.
우린 더 이상 맴돌 힘도 없다.
방울 소리가 뚝 그쳤다.
말들이 우뚝 섰다…. "저기 벌판에 있는 게 뭐지?"
"그걸 누가 압니까? 그루터긴가? 늑댄가?"

눈보라가 날뛴다, 눈보라가 흐느낀다.
예민한 말들이 힝힝댄다.

악령은 벌써 멀찍이 뛰어간다.
어둠 속에서 눈동자만 타오른다.
말들이 다시 내달린다.
방울 소리 딸랑딸랑딸랑….
새하얀 평원 가운데
망령들이 모여든 게 보인다.

끝이 없다, 흉측하다,
탁한 달빛의 유희 속에서
다양한 악령들이
11월의 낙엽처럼 빙빙 돌기 시작했다….
얼마나 많은지! 그들은 어디로 쫓겨 가나?
무얼 저리 애처로이 노래하나?
도모보이를 장사 지내나,
아니면 마녀를 시집보내나?

먹구름이 내달린다, 먹구름이 소용돌이친다.
모습을 감춘 달이
날아가는 눈발을 비춘다.
하늘이 탁하다, 밤이 탁하다.
한없이 높은 하늘에서

애처로운 비명과 흐느낌으로
내 심장을 찢으며
악령들이 떼 지어, 떼 지어 내달린다….

1830

비가(무분별한 시절의 불 꺼진 즐거움이)

Элегия(Безумных лет угасшее веселье…)

무분별한 시절의 불 꺼진 즐거움이
어렴풋한 숙취처럼 나는 힘겹네.
하지만 포도주처럼 지난날의 슬픔은
내 영혼 속에서 오래될수록 더 강하네.
나의 길은 우울하네. 미래의 요동치는 바다는
노동과 비애를 내게 약속하네.

하지만, 오, 벗들이여, 나는 죽고 싶지 않아.
사색하고 고통받기 위해 나는 살고 싶다.
슬픔과 근심과 동요 가운데
향락이 내게 있을 것임을 나는 아네.
때로는 다시 조화에 흠뻑 취하리라.
창조물 위에 눈물을 쏟으리라.
그리고 아마 내 슬픈 석양에
사랑이 작별의 미소로 빛나리라.

1830

리프마*

Рифма

잠 못 이루는 님프 에코*가 페네이오스강* 변을 떠돌았네.

페부스*가 그녀를 보고 열정에 불타올랐네.

님프는 사랑에 빠진 신의 환희의 결실을 잉태하였네.

수다스러운 나이아스들 사이에서 산고 끝에 그녀는

사랑스러운 딸을 낳았네. 므네모시네*가 직접 아이를 받았네.

* 리프마 : 시행의 끝에서 같은 소리가 반복되는 시적 장치인 '각운'이다. 푸시킨은 이 시에서 에코(반복되는 소리)와 아폴론(예술)의 딸이자 므네모시네(기억)의 수양딸로 각운의 탄생을 묘사한다.

* 에코(Echo) : 상대의 말을 반복하기만 하는 형벌을 받은 님프.

* 페네이오스(Peneios) : 그리스 테살리아의 강이자 강의 신.

* 페부스(Phoebus) : 빛과 예술의 신 '아폴론'의 별칭.

* 므네모시네(Mnemosyne) : '기억'의 여신이자 뮤즈들의 어머니.

발랄한 소녀는 아오니데스* 여신들의 합창 속에 자라나,
예민한 어머니를 닮고, 엄격한 기억에 순종하며,
뮤즈들에게 사랑받으니, 지상에서 그녀는 리프마라 불린다네.

1830

* 아오니데스(Aonides) : 그리스 아오니아 지방의 헬리콘산에 사는 뮤즈들을 일컫는 별칭.

노동*

Труд

열망하던 순간이 왔도다. 다년간의 내 노동이 끝났다.
　그런데 왜 알 수 없는 슬픔이 남몰래 나를 괴롭히는가?
위업을 완수하고 나는, 제 품삯을 받고 다른 일에는 낯선,
　쓸모없는 날품팔이처럼 서 있는가?
아니면 한밤의 말 없는 동반자인, 금빛 찬란한 아브로라의 벗인,
　신성한 가신들의 벗인, 나의 노동이 가여운가?

1830

* 1823년부터 7년 넘게 집필을 이어 온 《예브게니 오네긴》의 주요 장들을 끝낸 직후의 심경을 담은 시다.

작별
Прощанье

마지막으로 그대의 사랑스러운 모습을
감히 마음속으로 어루만지고,
심장의 힘으로 염원을 일깨우고,
수줍고 우울한 희열과 함께
그대의 사랑을 추억하네.

변하며 달려가는 우리의 세월에
모든 게 변하고 우리도 변해,
이미 그대의 시인에게 그대는
무덤의 어스름을 입었고,
그대에게 그대의 벗은 사그라들었네.

내 심장이 고하는 작별을,
멀어진 벗이여, 이제 받아 다오.
남편을 잃은 아내처럼,
벗의 유폐를 앞두고

말없이 벗을 안은 벗처럼.

1830

주문

Заклинание

오, 만약 사실이라면,
산 자들이 편안히 잠들고
하늘에서 달빛이
묘석 위로 미끄러지는 밤이면,
고요한 무덤들이 텅 빈다는 것이,
오, 만약 사실이라면,
나는 유령을 부르리라, 나는 레일라*를 기다리리라.
내게로, 나의 벗이여, 이리로, 이리로 오라!

* 레일라(Leila) : 바이런의 설화시 〈이교도(The Giaour)〉에 나오는 여주인공의 이름에서 따온 것이다. 바이런의 시에서 레일라는 부정을 저질렀다는 이유로 자루에 담겨 바다에 던져지는 비극적인 죽음을 맞이한다. 시의 말미에서, 레일라를 사랑했으나 죽게 만든 주인공은 임종 직전 환각 속에서 그녀의 유령을 본다. 당시 유럽 문단에서 레일라는 금기된 사랑, 이국적인 아름다움, 그리고 죽어서도 잊지 못할 여인을 상징하는 대명사였다.

이별을 앞두고, 겨울날처럼
창백하고 차가웠던 모습 그대로,
마지막 고통으로 일그러졌던 모습 그대로,
사랑하는 유령이여, 나타나라.
먼 별처럼 오라,
가벼운 소리나 산들바람처럼 오라,
아니면 끔찍한 환영처럼 오라,
나는 아무래도 좋다, 이리로! 이리로…!

내가 그대를 부름은
악의로 나의 벗을 죽인
사람들을 꾸짖기 위함이나
무덤의 비밀을 풀기 위함이 아니요,
때때로 내가 의혹에 시달리기
때문도 아니다…. 다만 애수에 못 이겨,
나 여전히 그대를 사랑함을, 나 여전히
그대의 것임을 말하고자 함이다. 이리로, 이리로 오라!

1830

잠 못 이루는 밤에 쓴 시

Стихи, сочиненные ночью во время бессонницы

잠은 오지 않는데, 불빛이 없다.
사방에 깃든 어둠과 성가신 졸음.
시계의 단조로운 바늘 소리만
내 곁에서 울린다.
파르카* 할멈들이 웅얼대는 소리,
잠든 밤의 가녀린 떨림,
쥐들의 북새통인 삶….
너는 왜 나를 불안하게 하는가?
지루한 속삭임이여, 너는 무엇을 뜻하는가?
내가 잃어버린 하루의
책망인가, 불평인가?

* 파르카(Parca) : 로마 신화 속 운명의 세 여신으로, 실을 잣고, 길이를 재고, 가위로 끊는 세 명의 노파로 묘사된다. 그리스 신화 속 이름은 '모이라(Moira)'다.

너는 내게서 무엇을 원하는가?
너는 부르는가, 예언하는가?*
나는 너를 이해하고 싶다,
나는 네 안에서 의미를 찾는다….

1830

* 너는 부르는가, 예언하는가? : '과거의 회한'과 '미래의 공포' 사이에 낀 인간의 실존적 불안을 말하는 구절이다. '부름'은 '회한의 목소리', '예언'은 '미래의 전조'를 뜻한다.

영웅*
Герой

무엇이 진리인가?*

벗

그래, 명성은 변덕 속에서 자유로워.
불의 혀처럼 명성은
선택받은 머리 위를 날아다니며
오늘 어느 머리에서 사라지고는
벌써 다른 머리 위에서 보이지.
어리석은 군중은 순순히

* 1830년, 니콜라이 1세가 콜레라가 창궐한 모스크바에 왔을 때 쓴 시다.

* 무엇이 진리인가? : 《신약성서》 〈요한의 복음서〉 18장 38절에서 총독 본디오 빌라도가 예수를 심문하며 던진 유명한 질문이다.

새로움을 뒤좇는 데 익숙하지만,
우리에게는 이 불의 혀가
타올랐던 그 이마가 신성하다네.
왕좌에 앉은 자, 피비린내 나는 벌판에 있는 자,
또 다른 자리의 시민들,
이 선택받은 자들 가운데
누가 자네 영혼을 가장 지배하는가?

시인

왕들이 머리 숙였던
이 전장의 이방인, 자유의 왕관을 쓰고
아침노을의 그림자처럼 사라져 간
이 전사*, 오로지 그, 오로지 그라네.

벗

* 이 전사 : 나폴레옹을 말한다.

도대체 언제 그가 자신의 경이로운 별로
자네 마음을 뒤흔드는가?
알프스 산정에서 바닥의 성스러운 이탈리아를
굽어볼 때인가?
군기나 독재자의 홀을
움켜쥘 때인가? 전쟁의
맹렬한 불길을
사방 멀리 몰고 다니며,
연이은 승리가 그의 머리 위로
뒤따라 날아다닐 때인가?
거대한 피라미드 군상 앞에서
영웅의 군대가 환호로 출렁일 때인가,
아니면 텅 빈 모스크바가
그를 맞아 빛나며 침묵할 때인가?

시인

아니, 행복의 품에 안긴 그는,
전장의 그는, 옥좌에 앉은
카이사르의 사위인 그*는 내 안중에 없네.

자신의 바위 위에 앉아*
평안의 형벌로 고통받고
영웅이라는 별명으로 조롱당한 채,
군인의 망토로 몸을 감싸고
미동도 없이 꺼져 가는 그는 내 안중에 없네.
내 앞에 펼쳐진 광경은 그게 아니야!
길게 늘어선 병상이 보이고,
병마의 여왕인 강력한 흑사병의
낙인이 찍힌 산송장이
병상마다 누워 있네…. 그는
전장의 죽음이 아닌 죽음에 둘러싸여,
미간을 찌푸린 채 병상을 돌아다니며
흑사병의 손을 차갑게 쥐어,

* 카이사르의 사위인 그 : 나폴레옹이 합스부르크 왕가의 공주 마리 루이즈(Marie Louise)와 결혼하여 정통성을 얻으려 했던 것을 냉소적으로 표현한 것이다.

* 자신의 바위 위에 앉아 : 유배지 세인트헬레나섬의 나폴레옹을 가리킨다.

죽어 가는 이의 정신 속에
활기를 낳고 있네….* 하늘에 맹세코,
꺼진 눈동자에 용기를 북돋우려고
암울한 병마 앞에서 자기 생명을
가지고 노는 자,
눈먼 지상의 판결이 어떻든,
맹세코, 그가
하늘의 벗이 될 걸세….

벗

* 흑사병의 손을 차갑게 쥐어, / 죽어 가는 이의 정신 속에 / 활기를 낳고 있네… : 1799년 야파(Jaffa)의 흑사병 수용소를 방문해 환자의 손을 잡았던 나폴레옹의 일화를 가리킨다. 러시아에 콜레라가 창궐한 1830년, 위험을 무릅쓰고 역병이 도는 모스크바를 방문해 민심을 수습했던 니콜라이 1세의 행동에 대한 간접적인 칭송이기도 하다. 이는 단순한 아첨이 아니라, '진정한 군주(영웅)라면 무력이 아닌 자비와 용기로 백성의 마음을 얻어야 한다'는 일종의 정치적 권고이자 이상적인 군주상을 제시한 것이다.

시인의 몽상들이여,
엄정한 역사가가 너희를 쫓아 버리는구나!
아아! 그의 목소리가 울려 퍼졌으니,*
세상의 매혹은 이제 어디에 있단 말인가!

시인

시기와 자극에 대한 탐욕에 찬,
차가운 범속함의 비위를
헛되이 맞추는 것이라면,
진실의 빛에 저주 있으라! 아니!

* (지은이 주) 아아! 그의 목소리가 울려 퍼졌으니 : 부리엔느의 회고록(Mémoires de Bourrienne)[(옮긴이 주) 루이 앙투안 포블레 부리엔느(Louis Antoine Fauvelet de Bourrienne)는 오랫동안 나폴레옹의 개인 비서로 일했던 인물로, 그의 회고록은 당시 유럽에서 엄청난 베스트셀러였으며, 나폴레옹의 신화를 인간적인 차원에서 파헤친 기록으로 유명했다. 부리엔느는 자신의 회고록에 "나폴레옹이 야파의 흑사병 수용소에서 퇴각할 때, 이동 불가능한 환자들을 적군의 손에 고통받게 두느니 차라리 아편으로 독살하라고 의사들에게 명령했다"라는 민감한 폭로를 담았다].

수만 가지 비천한 진실보다
우리를 드높이는 기만이 내게는 더 귀하네…
영웅에게 심장을 남겨 두라…. 심장 없이
영웅이 무엇이겠나? 폭군일 뿐….

벗

마음 놓게나…

1830년 9월 29일*
모스크바*

1830

* 1830년 9월 29일 : 니콜라이 1세가 콜레라가 창궐한 모스크바를 직접 방문한 날이다.

* 모스크바 : 전염병의 사선에서 쓴 시임을 강조하는 장치다.

인생의 처음 학교를 나는 기억하네

В начале жизни школу помню я…

인생의 처음 학교를 나는 기억하네.
그곳엔 우리, 천진난만한 아이들이 많았지.
제각각 활기 넘치는 가족이었네.

온순하고 초라한 옷차림을 했지만
모습은 위엄 있는 여인이
학교를 엄격하게 감독했지.

우리 무리에 둘러싸여
유쾌하고 달콤한 목소리로
어린아이들과 이야기하곤 했지.

나는 그녀의 이마를 덮은 베일과
하늘같이 맑은 눈을 기억하지만,
그녀의 이야기에는 별 관심 없었네.

그녀의 이마와 평온한 입술과 눈길의

엄숙한 아름다움과 성스러움 가득한
말이 나는 당혹스러웠네.

그녀의 충고와 책망을 꺼리며
진실한 이야기의 당연한 의미를
나는 속으로 곡해했네.

낯선 정원의 눈부신 어둠 속으로,
반암으로 지은 인공적인 아치 아래로
나는 자주 몰래 도망쳤네.

거기서 나는 서늘한 그늘의 품에 포근히 안겼네.
내 어린 정신을 몽상에 맡겼으니,
한가한 생각은 나의 즐거움이었네.

맑은 물과 바스락거리는 나뭇잎 소리를,
나무 그늘 속에 서 있는 하얀 신상들도,
그 얼굴에 새겨진 움직임 없는 상념도, 나는 사랑했네.

모든 것, 대리석 컴퍼스와 리라,
대리석 손에 들린 검과 두루마리,

머리에 쓴 월계관, 어깨에 걸친 포르피라,*

모든 것이 어떤 달콤한 공포를
내 가슴에 불러일으켜, 그것들을 보면
두 눈에 영감의 눈물이 솟았네.

다른 두 개의 경이로운 창조물*이
마법적인 아름다움으로 내 마음을 끌었네.
그것은 두 악마의 조각상이었네.

한 (델포이의 우상) 젊은 얼굴은
분노가 어려 있었고, 무시무시한 오만으로 가득했으며,
온통 지상의 것이 아닌 힘을 뿜어내고 있었네.

관능적인 여성의 자태를 한 다른 형상은

* 포르피라 : 고대 제왕이나 신상의 어깨에 걸치던 자주색 겉옷으로, 권위와 신성을 상징한다.

* 두 개의 경이로운 창조물 : 아폴론과 비너스의 조각상을 가리킨다.

의심스럽고 거짓된 이상,
거짓이지만 아름다운, 마법적인 악마였네.

그들 앞에서 나는 나 자신을 잊곤 했네.
가슴 속에서 어린 심장이 고동쳤고, 한기가
온몸을 내달리며 고수머리를 곤두세웠네.

미지의 향락을 향한 어두운 허기가
나를 괴롭혔네. 우울과 나태가
나를 옭아맸네. 나는 헛되이 젊었네.

나는 하루 종일 음울한 표정으로 말없이
소년들 사이를 돌아다녔고, 정원의 신상들은
줄곧 내 영혼에 제 그림자를 드리웠네.

1830

먼 조국의 해안을 향해

Для берегов отчизны дальной…

먼 조국의 해안을 향해
그대는 낯선 땅을 떠나갔네.
잊지 못할 순간, 그 슬픈 시간에
그대 앞에서 난 오래도록 울었네.
차가워져 가는 나의 두 손은
그대를 붙잡으려 애를 썼고,
이별의 끔찍한 고통을
나의 신음은 멈추지 말아 달라 빌었네.

그러나 그대는 쓰라린 입맞춤에서
그대의 입술을 떼어 냈네.
암울한 유배의 땅에서
그대는 다른 땅으로 나를 불렀네.
그대는 말했네. "나의 벗,
영원히 푸른 하늘 아래
올리브 그늘 속에서 만나는 날,
우리 다시 사랑의 입맞춤을 나누어요."

그러나, 아아, 둥근 하늘이
푸른 광채로 빛나고,
올리브 그늘이 물 위에 드리운 그곳에서,
그대는 마지막 잠에 들었네.
그대의 아름다움은, 그대의 고통은
무덤의 유골함 속으로 사라졌네.
재회의 입맞춤도 함께….
그러나 나는 기다리네, 그대 약속했으니….

1830

나의 계보

Моя родословная

러시아의 글쟁이들이 입을 모아
동료를 악랄하게 비웃으며
나를 아리스토크라트라 부른다.
보라, 원 세상에, 이 무슨 당치 않은 소리인가!
나는 장교도 아니고, 8등 문관도 아니고,
십자 훈장을 받아 귀족이 된 몸도 아니고,*
학술원 회원도, 교수도 아니다.
나는 그저 러시아의 일개 메샤닌*이다.

* 나는 장교도 아니고, 8등 문관도 아니고, / 십자 훈장을 받아 귀족이 된 몸도 아니고 : 가문 대대로 유서 깊은 귀족인 푸시킨은 관직을 얻거나 훈장을 받아 귀족 신분을 얻은 '신흥 귀족', 곧 '아리스토크라트(аристократ)'와 자신을 차별화한다.

* 메샤닌(мещанин) : 소상인, 수공업자, 하급 관원 등이 포함된 '도시 소시민 계급'을 말하며 서구의 '제3계급'과 궤를 같이한다. 푸시킨은 이렇게 자신의 신분을 낮춰 부르며, 국가 시스템(관등제)에 종속된

시대의 변덕을 이해하니
나는 정말 그것에 토를 달 생각은 없다.
우리네 명문가들은 태생부터가 새롭고
새로울수록 더욱 존귀하다.
노쇠한 가문의 부스러기
(불행히도 나 하나만이 아니지만),
구닥다리 보야르*의 후손이니,
이보게들, 나는 그저 보잘것없는 메샤닌이라네.

나의 조부는 블린을 판 적도 없고,*

'신흥 귀족'을 비꼬고 '자유로운 개인'으로서의 자기 정체성을 강조한다. '나는 관직에 목매지 않는 독립적인 사람이다'라는 당당한 선언인 것이다.

* 보야르(Бояр) : 10~17세기 러시아의 최상위 세습 귀족 계급이다. 표트르 대제의 개혁 이후 관료 중심의 신흥 귀족들에게 밀려나 몰락의 길을 걸었다.

* 블린을 판 적도 없고 : 알렉산드르 멘시코프(Александр Меншиков) 공작 가문에 대한 풍자다. 표트르 대제의 가장 강력한 총신이었던

차르의 부츠를 닦은 적도 없고,*
궁정 나부랭이들과 노래를 부른 적도 없고,*
밑바닥에서 공작으로 뛰어오르지도 않았고,*
분가루 처바른 오스트리아 친위대에서
도망쳐 온 병사도 아니었다.*

멘시코프는 본래 모스크바 거리에서 블린(러시아식 팬케이크)을 팔던 뜨내기 장사꾼 출신이다.

* 차르의 부츠를 닦은 적도 없고 : 쿠타이소프 백작 가문 등에 대한 풍자다. 파벨 1세의 총애를 받았던 이반 쿠타이소프(Иван Кутайсов)는 황제의 이발사이자 하인 출신이었다. 몸종에 불과했던 자들이 황제의 비위를 맞춰 귀족이 된 세태를 꼬집은 것이다.

* 궁정 나부랭이들과 노래를 부른 적도 없고 : 라주몹스키 백작 가문에 대한 풍자다. 알렉세이 라주몹스키(Алексей Разумовский)는 우크라이나의 가난한 농가 출신으로, 궁정 합창단에서 노래를 부르다 엘리자베타 2세의 정부가 되었고, 그 덕에 백작 지위를 얻었다.

* 밑바닥에서 공작으로 뛰어오르지도 않았고 : 라주몹스키나 예카테리나 2세 때의 이름난 정치가 알렉산드르 베즈보롯코(Александр Безбородко) 공작 가문 등에 대한 풍자다. 원문의 '호홀(хохол)'은 우크라이나인을 비하하는 말로 당시 페테르부르크로 상경해 벼락출세한 우크라이나 출신 가문들을 통칭한다. '아무것도 없던 자들이 아부로 공작이 되었다'는 일침이다.

그러니 내가 어찌 아리스토크라트이겠나?
천만다행으로, 나는 그저 메샤닌이라네.

나의 선조 라차*는 전장에서 힘깨나 썼던 덕에
거룩하신 넵스키 공*을 섬겼고,
그의 후손은 왕관을 쓴 분노인
이반 4세*의 용서를 받았다.
푸시킨 가문은 대대로 차르들과 어울렸고,
니즈니노브고로드의 메샤닌*이

* 오스트리아 친위대에서 / 도망쳐 온 병사도 아니었다 : 당시 러시아군의 실세였던 표트르 클레인미헬(Пётр Клейнмихель) 백작 가문의 조상이 오스트리아 군대에서 도망쳐 러시아로 귀화한 탈영병 출신이라는 소문을 직격한 것이다.

* 라차(Рача) : 푸시킨 가문의 전설적인 시조로, 13세기 독일 혹은 헝가리 지역에서 건너와 러시아 대공을 섬겼다고 전해지는 인물이다.

* 알렉산드르 넵스키(Александр Невский) : 13세기 스웨덴과 튜턴 기사단을 격파한 러시아의 구국 영웅이다. 사후 성인으로 추대되었다.

* 이반 뇌제(Иван Грозный) : 러시아 최초의 차르이자 공포정치를 펼친 인물로, 권력을 강화하기 위해 기존 보야르 가문들을 대대적으로 숙청하고 처형했다.

폴란드 패거리와 맞서 싸울 때,
이름난 이가 한둘이 아니었다.

반란과 음모와 맹위를 떨치는
전쟁의 폭풍을 진압하고,
민중이 로마노프 일가를
왕위에 추대하자 결의했을 때,*
우리가 그 결의문에 수결을 남겼으니,
수난자의 아들*이 우리를 총애했다.

* 니즈니노브고로드의 메샤닌 : 17세기 초 러시아가 폴란드에 점령당했을 때, 자금과 의병을 모아 모스크바를 탈환한 민족 영웅 쿠즈마 미닌(Кузьма Минин)을 말한다. 그의 신분은 상인이자 메샤닌이었다.

* 민중이 로마노프 일가를 / 왕위에 추대하자 결의했을 때 : 1613년, 폴란드군을 몰아낸 뒤 열린 전국회의(Земский Собор)에서 16세의 미하일 로마노프(Михаил Романов)가 차르로 추대되며 로마노프 왕조가 시작된다.

* 수난자의 아들 : 미하일 로마노프를 말한다. 그의 아버지 필라레트(Филарет, 본명 표트르 로마노프) 총대주교는 폴란드군에 포로로 잡혀가 오랜 시간 고초를 겪으면서도 끝까지 러시아의

한때 우리는 대우받았다.
한때는…. 하지만 나는 메샤닌이다.

올곧은 정신은 우리 모두를 망쳐 놓았다.
집안 내력 그대로 대쪽 같았던 나의 조상은
표트르 대제와 뜻이 안 맞아
그 때문에 교수형을 당했다.*
그의 예가 우리에게 교훈이 될지니,
군주는 논쟁을 싫어한다.
야코프 돌고루키 공작은 운이 좋고,
고분고분한 메샤닌은 현명하다.

페테르고프 궁정 한복판에서
반란이 일어났을 때, 나의 조부*는,

자존심을 지켰던 인물이다.

* 표트르 대제와 뜻이 안 맞아 / 그 때문에 교수형을 당했다 : 표트르 대제의 개혁에 반대하는 음모에 가담했다가 처형당한 푸시킨의 조상 표도르 푸시킨(Фёдор Пушкин)을 말한다.

미니흐*처럼, 몰락한 표트르 3세에게
끝까지 충절을 지켰다.
그때 오를로프 형제*는 영예를 얻었고,
나의 조부는 요새에 감금되었다.
그렇게 근엄했던 우리 가문은 잠잠해졌고,
그리하여 나는 메샤닌으로 태어났다.

나는 나의 가문 문장 인장 아래
문서 더미를 깊숙이 치워 두었고,
신흥 귀족과는 상종하지 않으며,

* 나의 조부 : 레프 푸시킨(Лев Пушкин)이다. 그는 예카테리나 2세가 남편 표트르 3세를 몰아내고 쿠데타를 일으켰을 때, 대세(예카테리나)를 따르지 않고 몰락하는 황제(표트르 3세) 편에 섰다.

* 미니흐 : 독일 출신으로 본명은 부르크하르트 폰 뮌니히(Burkhard von Münnich)다. 모두가 황제를 배신할 때 끝까지 표트르 3세 곁을 지켰던 의리의 상징이다.

* 오를로프 형제 : 예카테리나 2세의 정부이자 쿠데타의 주역들이다. 그들은 이 사건으로 엄청난 부와 권력을 거머쥐며 '신흥 귀족'의 정점이 된다. 푸시킨이 가장 혐오하는 '기회주의자'의 대명사다.

혈통의 오만을 억눌렀다.
나는 시나 쓰는 먹물이다,
나는 무신이 아닌, 그냥 푸시킨이다,*
부자도 아니고, 궁정 신하도 아니고,
나 스스로 거대한, 나는 메샤닌이다.

추신(Post scriptum)

한 어릿광대 씨*가 집구석에 앉아서
내 흑인 조상 간니발이
럼주 한 병에 팔려서
어떤 선장의 손에 들어갔다고 단정했지.

* 나는 무신이 아닌, 그냥 푸시킨이다 : 무신 푸시킨(Мусин-Пушкин) 백작 가문은 당시 엄청난 부와 권력을 누리며 황제의 총애를 받던 신흥 세력이었다.

* 한 어릿광대 씨 : 원어는 '피글랴린(Фиглярин)'으로, 푸시킨의 글과 조상을 비방한 어용 언론인 파데이 불가린(Фаддей Булгарин)을 겨냥한 것이다. '광대'나 '협잡꾼'을 뜻하는 러시아어 '피글랴르(Фигляр)'를 그의 성과 합쳐 만든 가짜 성이다.

이 선장은 우리 대지를 움직이고,
조국의 배의 키에
웅대한 질주를 강력하게 부여한,
바로 그 영예로운 선장이었다.

이 선장은 내 조상을 가까이했고,
비슷한 값에 사들인 아랍인*은
열성적이고 청렴한 인물로 자라나,
노예가 아니라 차르의 심복이 되었지.

그는 간니발의 아버지였으니,
그의 앞에서 체스마의 심해 한복판에서
무수한 전함이 불길에 휩싸였고,
나바린 성채가 처음으로 함락되었다.

* 아랍인 : 당시 러시아에서 흑인을 부르던 말이다.

나는 귀족 중의 메샤닌이라고,
영감에 찬 어릿광대 씨는 결론지었지.
그렇다면 그 잘난 가문에서 그는 무엇인가?
그는…? 그는 메샨스카야의 귀족*이라네.

1830

* 메샨스카야의 귀족 : '메샤닌 계급의 귀족'과 '메샨스카야 거리의 귀족'라는 의미를 동시에 지닌다. '메샨스카야 거리'는 당시 페테르부르크의 빈민, 매춘부, 부랑자들이 모여 살던 저급한 지역의 이름이다. 푸시킨은 자신을 '계급적 메샤닌'이라 비하한 불가린에게, 너는 '도덕적 · 환경적 밑바닥(메샨스카야 거리)'의 우두머리일 뿐이라고 결정타를 날린 것이다. 지역명과 계급 명칭을 동시에 암시한 중의적 풍자다.

집시
Цыганы

영시에서*

나무가 우거진 강기슭 위에
고요한 저녁이 오면,
북적대는 천막 아래 노랫소리 흐르고
불길이 여기저기 피어오른다.

안녕하신가, 행복한 종족이여!
나 너희의 모닥불을 알아보네.
딴 때였더라면 나 직접
이 천막들과 함께했으련만.

* 이 시는 19세기 스코틀랜드 시인 존 윌슨(John Wilson)의 극시 〈역병의 도시(The City of the Plague)〉에 나오는 〈집시의 노래〉를 푸시킨이 러시아어로 번안한 것이다.

내일 첫 햇살 비치면
자유로운 너희 자취는 사라질 테지.
너희는 떠나가지만, 너희 시인은
더는 너희를 뒤따르지 않을 것이네.

시골의 안락과
가정의 고요를 위해
방랑의 잠자리와
지난날의 장난을 그는 잊었네.

1830

러시아를 비방하는 자들에게*

Клеветникам России

민중의 웅변가들*이여, 그대들은 무얼 그리 떠들어 대는가?
어째서 그대들은 저주로 러시아를 위협하는가?
무엇이 그대들을 그토록 자극했나? 리투아니아의 소요인가?
내버려두시라. 이것은 슬라브인 사이의 분쟁,
운명이 이미 판가름한, 오래된 집안싸움이니,
그대들이 해결할 수 있는 문제가 아니다.

* 1831년 폴란드(당시 러시아령 폴란드-리투아니아 지역) 항쟁에 대해 유럽 언론과 정치인들이 러시아를 비판하자 푸시킨이 민족주의적 열정으로 그들에게 응수하여, '자유의 시인'에서 '제국의 대변자'로 변모했다는 평을 듣게 만든 시다.

* 민중의 웅변가들 : 프랑스 등 서구 유럽의 의원들이나 언론인들을 비꼬는 표현이다.

이 종족들은 이미 오래전부터
서로 간에 반목해 왔으니,
때로는 저들이, 때로는 우리가
폭풍우 아래 몇 번이고 쓰러졌노라.
불균등한 싸움에서 누가 버텨 낼 것인가?
오만한 랴흐인가 충직한 로스인가?*
슬라브의 냇물들이 러시아의 바다로 흘러들 것인가?
러시아의 바다가 말라 버릴 것인가? 이것이 문제로다.

우리를 내버려두시라. 그대들은
이 피 묻은 서판들*을 읽지 않았노라.
이 가족 간의 적의가 생소해서
그대들은 이해하지 못하노라.

* 랴흐, 로스 : '랴흐(лях)'는 폴란드인을 가리키는 고어(비칭)이고, '로스(росс)'는 러시아인을 뜻하는 고풍스러운 표현이다.

* 서판들 : 원어는 모세의 십계명이 새겨진 돌판처럼 성스러운 판을 의미하는 '스크리잘리(скрижали)'다. 여기서는 러시아와 슬라브 민족의 고풍스러운 역사가 새겨진 '역사의 서판'을 의미한다.

그대들에게는 크레믈과 프라가가 침묵하니,*
필사적인 투쟁의 용기가
무분별하게 그대들을 유혹해서*
그대들은 우리를 증오하고 있노라….
대답하시라, 도대체 어째서인가?
불타오르는 모스크바의 폐허 위에서 우리가
그대들을 벌벌 떨게 만든 그자*의
뻔뻔한 의지에 굴복하지 않아서인가?
왕국들을 짓누르는 우상을 우리가
심연 속으로 쓰러뜨리고,

* 크레믈, 프라가 : '크레믈'은 1812년 나폴레옹 군대에 의해 점령당하고 불타 버린 러시아의 심장이고, 폴란드 바르샤바 근교의 도시 '프라가'는 러시아군이 폴란드 봉기를 진압하며 수만 명의 학살이 일어났던 비극적인 장소다. 이곳들이 외치는 역사의 비명이 유럽인들의 마음에는 아무런 울림을 주지 못한다는 말이다.

* 무분별하게 그대들을 유혹해서 : 역사적 비극은 이해하지 못하면서, 폴란드인들이 러시아에 맞서 싸우는 '절망적인 용기', '압제에 저항하는 약자의 용기'에만 매료된 유럽인들의 무지와 오해에 대한 냉소적인 공격이다.

* 그자 : 나폴레옹을 말한다.

유럽의 자유와 명예와 평화의 대가를
우리의 피로 치렀기 때문인가…?

그대들은 말은 무섭다. 행동에 나서 보시라!
침상에서 안식을 취하고 있는 늙은 용사*가
이즈마일*의 총검을 조일 힘이 없다는 것인가?
러시아 차르의 말은 이미 무력하다는 것인가?
우리가 유럽과 다투는 것이 어디 처음인가?
러시아인이 이기는 법을 잊기라도 했단 것인가?
우리가 적은가? 페름에서 타브리다까지,
핀란드의 차디찬 절벽에서 타오르는 콜히다*까지,

* 늙은 용사 : 18세기 러시아의 전설적인 명장 알렉산드르 수보로프를 1차적으로 상징한다. 수보로프는 러시아인들에게는 영웅이지만, 폴란드인들에게는 1794년 바르샤바 봉기를 무자비하게 진압하고 '프라가'의 학살을 지휘한 공포의 대상이다. 폴란드를 평정했던 수보로프의 기개가 아직 러시아군에 살아 있다는 암시다.

* 이즈마일(Ismail) : 수보로프 생애 최고의 승전지로 꼽히는 요새다. 1790년, 수보로프는 난공불락이라 불리던 투르크의 이즈마일 요새를 점령하며 유럽 전역에 그 이름을 떨쳤다.

뒤흔들린 크레믈에서
요지부동인 중국의 성벽에 이르기까지,
러시아의 대지가 강철 털을 번뜩이며
일어서지 않으리란 것인가…?
과연 그렇다면, 웅변가들이여, 그대들의
독기 어린 아들들을 우리에게 보내시라.
러시아의 들판, 그들에게 낯설지 않은 무덤들 사이에
그들의 자리가 있노라.

1831

* 콜히다 : 흑해 동해안 연안에 위치한 고대 지명으로, 오늘날의 조지아 서부 지역을 포함하는 캅카스 남서부를 일컫는다.

그녀가 나의 품 안에서 뱀처럼 몸을 비틀며

Нет, я не дорожу мятежным наслажденьем…

그녀가 나의 품 안에서 뱀처럼 몸을 뒤틀며
열렬한 애무의 폭발과 키스의 상처로
마지막 전율의 순간을 재촉할 때,
아니다, 격렬한 쾌락을, 관능의 희열을,
광란을, 황홀경을, 젊은 바칸테*의 신음과 비명을
나는 소중히 여기지 않노라!

오, 나의 온순한 여인이여, 그대는 어찌 이리 더 사랑스러운가!

* 바칸테(Bacchante) : 그리스 신화의 디오니소스 또는 로마 신화의 바쿠스, 즉 술과 축제, 황홀경의 신을 숭배하는 여사제들이다. 그리스어로는 '마이나스(Maenads)'라고 불리며, 이는 '미친 여성들'이라는 뜻을 담고 있다. 축제 중 광란과 황홀경에 빠져 이성을 잃고 본능에 몸을 맡기는 존재로, 여기서는 통제 불능의 육체적 격정에 몰입한 여인을 상징한다.

그대가 길고 긴 간청에 못 이겨,
도취 없이 부드럽게, 수줍은 듯 차갑게
나에게 몸을 맡기며, 나의 환희에
간신히 응답하고 아무것에도 귀를 기울이지 않다가
점차, 조금씩 더 생기를 띠더니,
마침내 나의 불길을 마지못해 함께 나눌 때,
오, 그대로 인해 나는 얼마나 고통스럽게 행복한가!

1831~1832*

* 푸시킨 생전에 발표되지 않은 시로, 정확한 집필 날짜를 기록한 단서가 부족하다.

가을(단편)*

Осень(Отрывок)

그때 나의 졸고 있는 머릿속으로 무엇인들
들어오지 않으랴?*
데르자빈

I

벌써 10월이 와 버려, 숲이 이미
벌거벗은 가지에서 마지막 잎새를 털어 내네.
가을의 한기가 숨을 뿜자 길이 얼어붙고,
물레방아 뒤에서 냇물은 아직 졸졸 달려가지만,
연못은 이미 굳었네. 나의 이웃은

* 이 시의 부제 '단편'은 영감이 폭발하는 찰나의 역동성을 보존하기 위한 예술적 장치다.

* 그때 나의 졸고 있는 머릿속으로 무엇인들 / 들어오지 않으랴? : 데르자빈의 시 〈가을(Осень)〉에서 따온 구절이다.

먼 들판으로 서둘러 사냥을 나서고,
광란의 유희에 가을 작물이 수난을 겪고,
개 짖는 소리가 잠든 참나무 숲을 깨우네.

II

이제 나의 시절이로다. 나는 봄을 좋아하지 않네.
눈 녹는 날이 나는 지겹고, 악취와 진창에, 봄이면 나는 앓네.
피가 삭고, 가슴과 머리가 애수에 짓눌리네.
혹독한 겨울이 나는 더 만족스럽네.
겨울의 눈을 사랑하노니, 달빛 속에서
사랑하는 여인과 가벼운 썰매를 달리면 얼마나 경쾌하고 자유로운가!
검은담비 모피로 몸을 감싸 열이 오른 싱그러운 그녀가
파르르 떨며 뜨겁게 그대의 손을 꼭 쥐누나!

III

날 선 쇠 날을 발에 달고서 매끈하게 고인
강의 거울 위를 지치는 즐거움이란!
겨울 축일의 찬란한 소동은…?

하지만 정도를 알아야지. 반년을 눈, 또 눈이니,
실로 굴에 사는 곰도 끝내
진절머리를 내겠지. 과연 우리가
허구한 날 젊은 아르미다*들과 썰매나 타거나
겹창 닫고 난롯가에 시뜻하게 틀어박혀 있기만 해서는
안 되지.

IV

오, 찬란한 여름이여! 폭염과 먼지,
모기떼, 파리 떼만 아니면 널 사랑하련만.
너는 정신적 힘을 모조리 짓밟으며
우리를 괴롭히니, 들판처럼 우리는 가뭄에 시달려
해갈하고 생기를 되찾을 궁리만 하네.
우리 안에 다른 생각은 없고, 겨울 할멈이 그립기만 하
구나.

* 아르미다(Armida) : 토르콰토 타소의 서사시 〈해방된 예루살렘〉에 등장하는 매혹적인 마녀로, 뛰어난 미모로 십자군 기사들을 유혹해 자신의 정원에 가두고 나태함에 빠지게 한다.

우리는 블린과 포도주로 겨울 할멈을 떠나보내고,*
아이스크림과 얼음으로 추모제를 지내네.

V

늦가을의 날들을 보통 욕하지만,
친애하는 독자여, 겸손하게 빛나는
늦가을의 고요한 아름다움이 나는 사랑스럽네.
그렇게 제 집에서 사랑받지 못하는 아이가
내 마음을 끈다네. 솔직히 말해서,
사시사철 중에 나는 오로지 늦가을 하나만 반갑다네.
그 속에는 좋은 면이 많으니, 허영심 없는 연인인 나는
제멋대로인 몽상으로 그 속에서 무언가를 찾아냈노라.

VI

이를 어떻게 설명할까? 때로는

* 우리는 블린과 포도주로 겨울 할멈을 떠나보내고 : 러시아의 전통적인 겨울 환송 축제인 '마슬레니차(масленица)'를 말한다.

폐병 걸린 처녀가 그대 맘에 들 수 있듯이,
나는 늦가을이 좋네. 죽음을 선고받은
가여운 처녀는 불평 없이, 분노 없이 고개를 숙이지.
시든 입술 위엔 미소가 어리고,
무덤의 심연이 입 벌리는 소리가 그녀는 들리지 않고,
얼굴엔 아직 홍조가 뛰노네.
오늘 그녀는 아직 살아 있지만, 내일이면 없네.

VII

우울한 시절이여! 두 눈의 황홀이여!
네 작별의 아름다움이 내겐 매혹적이구나.
자연의 화려한 쇠락을,
적자색과 황금색으로 치장한 숲을, 숲 그늘의
술렁이는 바람 소리와 신선한 숨결을 나는 사랑하노라.
굽이치는 짙은 안개에 뒤덮인 하늘도,
성긴 햇살도, 첫서리도, 멀리서 다가오는
백발 겨울의 위협도 나는 사랑하노라.

VIII

해마다 가을이면 나는 다시 피어나노라.

내 건강에는 러시아의 추위가 좋도다.
나는 다시 삶의 일상에 사랑을 느끼노니,
연이어 잠이 날아오고, 잇따라 허기가 찾아오노라.
피가 심장에서 가볍고 기쁘게 뛰놀고,
갈망이 끓어올라, 나는 다시 행복하고 젊도다.
나는 다시 생명으로 가득하네. 내 유기체가 그러하도다.
(쓸데없는 내 산문체를 용서하시라.)

IX

내게 말을 끌어오면, 말은 탁 트인 광야에서
갈기를 휘날리며 기수를 나르고,
빛나는 말발굽 아래에서 얼어붙은 골짜기가
쩌렁쩌렁 울리고 얼음이 툭툭 갈라지네.
하지만 짧은 하루가 저물고 잊힌 난로에서
불길이 다시 타올라, 때론 환한 빛을 내뿜고
때론 느릿느릿 타들어 가면, 나는 그 앞에서
책을 읽거나 내 영혼 속에 긴 상념을 키워 가네.

X

세상을 잊고, 달콤한 고요 속에서

달콤하게 공상에 빠져드니,
내 안에서 시가 깨어나노라.
서정의 파도에 영혼이 옥죄어
전율하며 울리다가, 꿈결인 듯, 마침내
자유로운 표현으로 분출되려 애쓰네.
그때 보이지 않는 손님의 무리가,
내 몽상의 결실인 오랜 지인들이 내게로 오누나.

XI

머릿속에서 생각이 대담하게 물결치고,
가벼운 각운이 생각을 맞으러 달려가고,
손가락이 펜을 갈구하고 펜은 종이를 갈구하네.
잠시 후면 시가 자유롭게 흐르기 시작하리라.
이렇듯 움직임 없는 물기 속에서 배가 꼼짝 않고 졸고 있지만,
보라! 갑자기 선원들이 달려가 위로 아래로
기어가자, 바람을 가득 안은 돛이 한껏 부풀고,
거대한 선체가 움직여 파도를 가르누나.

XII

항해하노라. 우리는 어디로 향해야 하는가…?*

…

…

1833

* 항해하노라. 우리는 어디로 향해야 하는가…? : 시인은 정지된 '물기' 속에서 탄생한 시 구절들이 거대한 범선이 되어 나아가는 절정의 순간에 시를 멈춤으로써, 창작의 무한한 자유와 가능성을 열린 질문으로 남겨 두었다.

신이시여, 나를 미치게 하지 마소서

Не дай мне бог сойти с ума…

신이시여, 나를 미치게 하지 마소서.
아니, 차라리 지팡이와 걸낭이 낫겠나이다.
　아니, 차라리 노동과 굶주림이 낫겠나이다.
내가 나의 이성을 아껴서가
아니라오. 이성과 헤어지는 것이
　기쁘지 않아서가 아니라오.

나를 자유롭게 내버려둔다면,
나는 얼마나 신이 나게
　어두운 숲으로 달려갈까!
나는 타오르는 광희 속에서 노래하고,
제각각 날뛰는 경이로운 몽상의 광란 속에서
　나 자신을 잊으련만.

파도에 넋을 놓고 귀도 기울이고,
행복에 가득 차서 텅 빈
　하늘도 바라보고,

들판을 헤집고 숲을
부서뜨리는 회오리바람처럼
　강하고 자유롭기도 하겠지.

그래, 미치는 건 재앙이지.
너는 역병처럼 두렵게 되어서
　바로 가둬 버릴 거야.
사람들이 바보를 사슬에 묶어 놓고
짐승인 양 쇠창살 사이로
　널 놀리러 올 거야.

나이팅게일의 낭랑한 목소리가 아니라,
어렴풋이 술렁대는 참나무숲 소리가 아니라,
　동료 수인들의 외침과,
밤샘 당번 간수들의 욕설과,
새된 비명과, 철컥대는 쇠사슬 소리를
　밤이면 나는 듣게 되겠지.

1833

때가 되었네, 나의 벗이여, 때가 되었어! 가슴이 평안을 구하네*

Пора, мой друг, пора! покоя сердце просит…

때가 되었네, 나의 벗이여, 때가 되었어! 가슴이 평안을 구하네.

나날이 날아가고 매시간이 존재의
편린을 가져가는데, 그대와 나 둘이서
삶을 계획하네…. 보라, 한순간 우리는 죽으리라.
세상에 행복은 없네, 하지만 평안과 자유*는 있지.

* '궁정 시종보'라는 모욕적인 직책에 묶여 있던 푸시킨이 황제에게 은퇴를 청원했으나 거절당하고, 경제적 압박과 사교계의 모욕적인 대우 등으로 인해 삶에서 가장 지쳐 있던 시기에, 아내 나탈리야 곤차로바에게 써준 시다.

* 자유 : 러시아어에는 '스보보다(свобода)'와 '볼랴(воля)'라는, '자유'를 뜻하는 두 단어가 있다. '스보보다'가 사회적, 법적 체계 안에서 보장받는 권리로서의 자유, 즉 '제도적 자유'라면, 시인이 여기에서 말하는 '자유'인 '볼랴'는 어떠한 구속이나 장애물도 없는 상태, 즉 '무한한 해방'을 뜻한다. 그것은 법이나 도덕, 사회적

오래전부터 나는 부러운 운명을 꿈꾸었네.
오래전부터 지친 노예인 나는 도주를 궁리했네.
노동과 순수한 기쁨의 먼 처소로의 도주를.

1834

계약마저도 '나'를 가두지 못하는 시원적, 야생적 자유다. '볼랴'는 러시아의 끝없는 평원과 결부된 '자유'의 감각, 사방이 탁 트인 평원에서 느끼는 시원한 해방감이며, '나'를 억압하는 도시나 농노제, 국가 권력으로부터 저 멀리 지평선 너머로 도망치는 행위와 연결된다. 러시아어에서 '볼랴'는 '의지'라는 뜻도 동시에 가지고 있다. '볼랴'는 외부의 억압이 아무리 강해도 굴복하지 않는 내면의 강인한 의지 또한 뜻한다. 푸시킨에게 '볼랴'는 타인의 간섭 없이 내 의지대로 사유하고 창작할 수 있는 상태, 곧 '내적 자유'를 의미했다.

순례자*

Странник

I

어느 날, 황량한 골짜기를 방랑하다가,
갑자기 나는 거대한 비탄에 사로잡혔고
무거운 짐에 짓눌려 등이 굽었네.
마치 법정에서 살인이 탄로 난 죄인 같았네.
고개를 떨구고 고뇌 속에 두 손을 쥐어짜며
나는 통곡 속에 구멍 난 영혼의 고통을 쏟아 냈고,
병자처럼 몸부림치며 비통하게 되뇌었노라.
"나는 어찌해야 하나? 내 앞날은 어찌 될 것인가?"

* 17세기 영국 작가 존 버니언(John Bunyan)의 종교적 우의소설 《천로역정(The Pilgrim's Progress)》의 도입부를 바탕으로 한 시다. 푸시킨이 생애 마지막에 천착했던 '회개'와 '구원'의 주제를 담고 있다.

II

그렇게 나는 탄식하며, 내 집으로 돌아왔네.
나의 상심을 아무도 이해하지 못했네.
자식들과 아내 앞에서 나는 처음에는 침묵하며
암울한 생각을 그들에게 감추고 싶었네.
그러나 비애는 시시각각 나를 더욱 조여 와,
마침내 어쩔 수 없이 나는 속을 털어놓았노라.

"오, 화로다, 우리에게 화로다! 자식들아, 아내여!"
나는 말했네. "알아 두시오, 내 영혼은 고뇌와 공포로
가득 찼소. 괴로운 짐이 나를 짓누르는구려.
오고 있소! 이미 때가, 때가 가까웠소.
우리 도시는 불길과 바람에 내던져질 운명이니,
단번에 숯과 재로 변할 것이오.
어서 피난처를 찾지 못하면, 우리는 모두 파멸할 것이오.
하지만 어디에? 오, 화로다, 화로다!"

III

내 식구들은 당혹감에 사로잡혀
내 안의 온전한 정신이 어긋났다고 여겼네.
그러나 밤과 잠의 치유하는 평안이 내 안의

해로운 병적 열기를 식혀 주리라 생각했네.
나는 누웠으나, 밤새도록 울고 탄식하며
한순간도 무거운 눈꺼풀을 붙이지 못했네.
아침에 나는 침상을 떠나 홀로 앉아 있었네.
그들이 내게 왔고, 그들의 물음에 나는
전과 똑같은 말을 했네. 그러자 내 가까운 이들은,
나를 믿지 못하고, 엄격히 대하는 것이
마땅하다고 여겼네. 그들은 격분하여
욕설과 경멸로 나를 바른길로 되돌리려 애썼네.
그러나 나는 그들에게 귀 기울이지 않고,
상심에 짓눌린 채 마냥 울며 탄식했네.
마침내 그들은 고함치다 지쳐 버려,
헛소리와 거친 울음이 지긋지긋한,
엄한 의사가 필요한 미치광이를 멀리하듯,
손사래를 치며 내게서 물러났네.

IV

다시 방랑에 나선 나는, 상심에 겨워하며,
필사적인 도주를 꾀한 노예나
비를 피해 서둘러 묵을 곳을 찾는 나그네처럼,
두려움에 찬 눈길로 주위를 두리번거렸네.

영혼의 수행자인 나는, 고행의 쇠사슬을 끌다가,
책을 읽고 있는 한 젊은이를 만났네.
그는 조용히 눈을 들어, 홀로 떠돌며
무엇 때문에 그리 슬피 우느냐고 내게 물었네.
나는 답하여 말했네. "나의 가혹한 운명을 보오.
나는 죽음을 선고받아 무덤 저편의 재판에 부름받았소.
심판받을 준비가 안 되어 있으니, 죽음이 두려워
지금 이리 괴로워하는 것이라오."
"그대의 운명이 정녕 그러하다면,"
그가 반박했네. "그대가 진정 그토록 가엾은 처지라면,
대체 무얼 기다리오? 왜 이곳에서 도망치지 않소?"
내가 되물었네. "과연 어디로 도망쳐야 하오? 나는 어떤 길을 택해야 하오?"
그러자 그가 말했네. "말해 보오, 무언가 보이지 않소?"
젊은이는 손가락으로 먼 곳을 가리키며 내게 말했네.
의사가 부연 막을 걷어 내 준 맹인처럼,
나는 억지로 부릅뜬 아픈 눈으로 바라보기 시작했네.
"어떤 빛이 보입니다." 내가 마침내 말했네.
"자, 가시오," 그가 말을 이었네. "저 빛을 놓치지 마시오.
그대가 구원의 좁은 문에 다다를 때까지,

저 빛이 그대의 유일한 길잡이가 되게 하시오.
떠나시오!" 그러자 나는 그 즉시 달려가기 시작했노라.

V

　나의 도주는 내 가족 안에 소동을 일으켰고,
자식들과 아내는 문턱에 서서 내게
어서 돌아오라고 소리쳤네. 그들의 외침에
내 벗들이 광장에 모여들었네.
누구는 나를 욕하고, 누구는 내 아내에게
조언을 건넸으며, 또 누구는 벗을 가엾게 여겼네.
어떤 이는 나를 비방하고, 어떤 이는 비웃음거리로 삼았으며,
또 다른 이는 이웃들에게 힘으로라도 붙들어 오자고 했네.
이미 나를 뒤쫓는 이들도 있었으나, 그럴수록 나는
그곳을 떠나, 구원의 확실한 길과 좁은 문을
어서 빨리 보기 위해, 더욱 서둘러
성 밖 들판을 가로질러 달려갔노라.

1835

… 내가 추방된 몸으로

… Вновь я посетил…

… 내가 추방된 몸으로
눈에 띄지 않는 두 해를 보냈던
그 구석진 땅*을 나 다시 찾아왔네.
그로부터 어느덧 10년이 지나
나의 삶에서 많은 것이 변하고,
보편적인 법칙에 순응하는 나 자신도
변했네. 그러나 이곳에서 다시
지난날이 나를 생생하게 에워싸니,
이 숲속을 거닐던 것이 바로
어제저녁인 듯만 하구나.
내 가엾은 유모와 함께 살던
유배의 오두막이 여기 있구나.

* 구석진 땅 : 미하일롭스코예를 말한다.

이미 할멈은 세상을 떠나, 벽 저편에서
그녀의 무거운 발걸음이, 꼼꼼히 집 안을 훑던
그녀의 파수 소리가 더는 들리지 않네.

숲이 우거진 이 언덕에 나는 자주
망연히 앉아서, 서글픈 마음으로
다른 기슭, 다른 물결을 추억하며
호수를 바라보았네….
황금빛 들판과 푸른 목초지 사이로
호수가 푸르르며 드넓게 펼쳐지네.
그 미지의 물살을 가르고
어부가 나아가며 남루한 그물을
제 뒤로 끄네. 비탈진 기슭에
마을이 널려 있고, 저기 그 너머론
기우뚱한 풍차가 바람을 맞으며
간신히 날개를 돌리네….
조상 대대로 내려온
영지의 경계에, 비에 움푹 파인 길이
산으로 올라가는 그곳에,
세 그루 소나무가, 한 그루는 멀찍이,
다른 두 그루는 서로 가까이

서 있네. 여기에서, 달 밝은 밤 내가
말을 타고 그들을 지나갈 때면,
살랑거리는 그들 우듬지의 귀에 익은 소리가
나를 반겨 주었지. 그 길을
지금 따라가다 눈앞에서
그들의 모습을 다시 나는 보았네. 나무들은 예전 그대로이고
귀에 익은 그들의 살랑거림 또한 여전하지만,
(한때 텅 비어 황량하기만 했던)
그들의 케케묵은 뿌리 주위로
이제는 어린 숲이 우거져
초록의 일가를 이루었구나. 그들의 그늘 아래
어린 나무들이 아이들처럼 서로 밀치고 있네. 저만치엔
그들의 침울한 동료 하나가
늙은 독신자처럼 서 있고, 그 주위는
예전처럼 여전히 텅 비었네.

안녕하신가, 낯선
젊은 종족이여! 너희가
내 벗들보다 높이 자라
그들의 노쇠한 머리를 행인의 눈에서

가리게 되는, 너희의 장대한 장년을
내가 보지는 못하겠지. 그러나 나의 손자가
벗과 정다운 대화를 나누고 돌아오는 길에,
유쾌하고 기분 좋은 생각에 가득 차서
너희 곁을 지나가며 깊은 밤의 어둠 속에서
나를 추억할 때, 너희가 반갑게
살랑대는 소리를 듣게 해 다오.

1835

속세의 권력*

Мирская власть

위대한 승리가 이루어지며
신이 십자가 위에서 고통 속에 숨을 거두던 그때,
생명의 나무 양옆에는
죄인 마리아와 성스러운 처녀,*
창백한 안색의 연약한 두 여인이
헤아릴 수 없는 슬픔에 잠겨 서 있었다.
그러나 이제 존엄한 십자가 발치에서,

* 이 시는 1836년 성 금요일, 페테르부르크 카잔 성당에 안치된, 무덤 속 예수를 묘사한 성화 〈그리스도의 수의〉 앞에 무장한 초병들이 배치된 실제 사건을 바탕으로 한다. 푸시킨은 신성한 종교 현장마저 총칼로 통제하고, 민중의 접근을 막아 세운 차르 권력의 오만함과 관료주의를 비판하고자 이 시를 썼다. 시인의 생전에는 발표되지 못했다.

* 죄인 마리아와 성스러운 처녀 : '마리아 막달레나'와 '성모 마리아'를 지칭한다.

어느 도시 통치자의 저택 현관인 양,
성스러운 두 여인이 있던 자리에 배치된
군모를 쓰고 총을 든 두 명의 엄한 초병을 우리는 본다.
말해 보시라, 무엇 때문에 경비대가 필요한가?
십자가상이 무슨 관청의 짐짝이라도 되어서
도둑이나 쥐새끼들이 무서운 것인가?
아니면 만왕의 왕께 위엄이라도 부여할 요량인가?
아니면 날카로운 가시관을 쓴 주권자를,
박해자들의 채찍과 못과 창에
순순히 자기 몸을 내어 주신 그리스도를
막강한 비호로 구원하시려는가?
아니면 처형으로 아담의 모든 족속의
죄를 보상한 이를 군중이 모독할까 염려되는 것인가?
그저 산책 나온 나리들의 길을 막지 않으려고
평민은 이곳에 들여보내지 말라 명한 것인가?

1836

핀데몬테의 시에서*

Из Пиндемонти

머리가 빙빙 도는 우렁찬 권리들을
나는 값지게 여기지 않는다.
세금을 논박하거나 차르들이 서로 싸우지 못하게
방해하는 달콤한 운명을 신들이 내게
허락하지 않았다고 불평하지 않는다.
출판물이 멍청이들을 자유롭게 속이든,
섬세한 검열이 잡지의 구상 속에서
떠버리를 억압하든, 내게는 그다지 슬플 것 없다.
보시다시피, 이건 다 **말, 말, 말.***

* 이 시는 이탈리아 시인 이폴리토 핀데몬테(Ippolito Pindemonte)의 시를 번역(혹은 모방)한 것처럼 보이나, 푸시킨 자신의 내면적 고백을 담은 창작 시다. 러시아의 정치적 상황에 지친 푸시킨의 '절대적 자유'에 대한 갈망이 담겨 있다.

* (지은이 주) 말, 말, 말 : 햄릿[(옮긴이 주) 셰익스피어의 〈햄릿(Hamlet)〉 2막 2장에서 폴로니우스가 햄릿에게 "왕자님, 무엇을

다른 최상의 권리가 나는 소중하다.
다른 최상의 자유가 나는 필요하다.
차르에 의지하든, 민중에 의지하든
우리에겐 마찬가지 아닌가? 그러라지.
누구도
이해시키려 하지 말 것. 자신을 위해서만
일하고 자신만 만족시킬 것. 권력을 위해, 제복을 위해
양심도 생각도 목도 굽히지 않을 것.
자연의 성스러운 아름다움에 놀라고
예술과 영감의 창조물 앞에서
감동의 환희에 젖고 기쁨에 떨며
내키는 대로 여기저기 떠돌 것.
바로 이런 행복! 바로 이런 권리….

1836

읽고 계십니까?"라고 묻자, 햄릿이 세상의 모든 위선과 허무를 냉소하며 "말, 말, 말(Words, words, words)"이라고 답하는 장면이다].

은수자들과 정결한 수녀들은*

Отцы пустынники и жены непорочны...

은수자들과 정결한 수녀들은
보이지 않는 세상으로 마음으로 날아오르려고,
지상의 폭풍과 투쟁 속에서 마음을 굳건히 다지려고,
수많은 신성한 기도문을 지었노라.
그러나 그중 어느 하나도, 사순절의 슬픈 나날 동안에
사제가 되풀이하여 읊조리는 기도*만큼은,

* 이 시는 〈핀데몬테의 시에서〉, 〈내가 생각에 잠겨 교외를 거닐다가〉, 〈나는 손으로 만들지 않은 나의 기념비를 세웠노라〉 등과 함께, '카멘노오스트롭스키' 연작에 포함된 것이다. 푸시킨이 1836년 여름, 페테르부르크 근교의 카멘니섬에 체류 중에 쓴 이 연작은 그의 '예술적 유언장'으로 불린다. 〈핀데몬테의 시에서〉가 사회와 권력으로부터 독립하려는 '세속적 자유'의 정점이라면, 이 시는 신 앞에서 자신의 죄를 고백하는 '영적 구원'의 정점으로, 푸시킨이 생의 마지막에 도달한 최종적인 마음의 평화를 상징한다.

* 기도 : 정교회의 '성 에프렘의 기도(Молитва Ефрема Сирина)'를 가리킨다.

나를 감동시키지 못하네.
그 기도가 다른 무엇보다 자주 내 입술에 맴돌며
알 수 없는 힘으로 타락한 영혼을 떠받치네.
내 날들의 주권자시여! 우울한 나태와,
이 은밀한 권세욕의 뱀과,
빈말의 영을 내 영혼에 주지 마소서.
다만, 오, 신이시여, 내가 나의 죄를 보게 하시고,
내 형제가 내게서 비난받지 않게 하시고,
겸손과 인내와 사랑과 순결의 영을
나의 가슴속에 되살리소서.

1836

내가 생각에 잠겨 교외를 거닐다가

Когда за городом, задумчив, я брожу…

내가 생각에 잠겨 교외를 거닐다가
공동묘지에 발을 들여놓을 때면,
울타리들, 기둥들, 수도의 모든 죽은 자들이
밑에서 썩어 가는 화려한 무덤들,
거지 같은 식탁에 덤벼드는 걸신들린 손님처럼
늪지에 옹기종기 빼곡히 줄지어 들어선
죽은 상인과 관리의 영묘들,
싸구려 조각칼이 부린 꼴사나운 기교들,
그 위에 덕행에 대해, 직책과 관등에 대해
산문으로도 시로도 새긴 비문들,
과부가 오쟁이 진 늙은 남편을 기리는 사랑의 애가,
도둑들이 기둥에서 나사를 풀어 놓은 유골함들,
또한 이곳에서 아가리를 쩍 벌린 채
아침에 찾아올 세입자를 기다리는 미끈한 무덤들,
이 모든 것이 어수선한 생각들을 불러일으켜
지독한 우수가 나를 덮친다.
침이나 뱉어 주고 뛰쳐나갈까….

그러나 고요한 가을 저녁,
시골에 있는 가족 묘지를 찾을 때면,
나는 정말 얼마나 즐거운가.
그곳엔 죽은 자들이 장엄한 안식 속에 잠들어 있다.
그곳의 아무 장식 없는 무덤들은 널찍이 자리하고 있고,
캄캄한 밤 창백한 도둑이 기어들지 않는다.
누런 이끼에 덮인 오래된 묘석 곁을
농부가 기도하고 탄식하며 지나간다.
쓸데없는 유골함과 보잘것없는 납골탑,
코 없는 신상, 부서진 하리테스* 대신,
참나무 한 그루가 엄숙한 무덤들 위에 넓게 서서
흔들리며 수런댄다….

1836

* 하리테스 : 보통 서로의 어깨에 손을 올린 채 춤을 추는 아름다운 세 처녀의 모습으로 조각된다. 여기서는 쇠락한 인공적인 아름다움을 상징한다.

나는 손으로 만들지 않은 나의 기념비를 세웠노라

Я помятник себе воздвиг нерукотворный…

나는 기념비를 세웠노라

Exegi monumentum*

나는 손으로 만들지 않은 나의 기념비를 세웠노라.
민중의 발길이 끊이지 않을
나의 기념비는 굴하지 않는 머리로 알렉산드르 기둥* 보다

* 나는 기념비를 세웠노라(Exegi monumentum) : 라틴어로서, 고대 로마 시인 호라티우스(Horatius)의 《송가(Odes)》 제3권 30번의 첫 구절이다.

* 알렉산드르 기둥 : 페테르부르크 궁전 광장 중앙에 세워진 '알렉산드르 전승 기념주'를 말한다. 나폴레옹 전쟁에서의 승리를 기념하기 위해 알렉산드르 1세를 기리며 1834년에 완공되었다. 당시 세계에서 가장 높은 전승 기념물이었다.

더 높이 우뚝 솟았노라.

아니, 나의 전부가 죽지는 않으리라. 소중한 리라에 담긴 영혼은
나의 유해보다 오래 살아 부패를 피하리니,
달 아래 세상에 단 한 명의 시인이라도 살아 있는 한
나는 영광되리라.

나의 소문이 광대한 루시 곳곳에 퍼져
이 땅에 사는 온갖 민족이 제 언어로 내 이름을 부르리라.
긍지에 찬 슬라브인의 자손도, 핀족도, 지금은 미개한
퉁구스도, 초원의 벗 칼미크도.

나는 오래도록 민중에게 사랑받으리라.
내가 리라로 선한 감정을 일깨웠으므로,
나의 잔혹한 세기에 자유를 찬양하고
쓰러진 자들을 위한 자비를 간구했으므로.

오, 뮤즈여, 신의 명령에 충실히 하라.
모욕을 두려워 말고, 월계관을 요구하지 말며,
찬사와 비방을 무심히 받아들이고

어리석은 자와는 다투지 말지어다.

1836

그런 시절이 있었지. 우리의 젊은 축일이*

Была пора: наш праздник молодой…

그런 시절이 있었지. 우리의 젊은 축일이
장미 화관을 쓰고 찬란하게 빛나며 떠들썩했었지.
술잔 부딪는 소리가 노랫가락과 섞이고,
우리는 빽빽이 무리 지어 앉아 있었지.
그때, 천하태평인 영혼의 무지렁이였던
우리는 모두 가볍고도 담대하게 살았네.
우리는 모두 희망과 젊음과
청춘의 온갖 유희를 위해 축배를 들었네.

이제는 그렇지 않네. 우리의 흥청대던 축일은

* 1836년 리체이 개교 25주년을 기념하여 쓴 미완의 시다. 푸시킨은 기념식 연회장에서 이 시를 낭독하다가 갑자기 눈물을 터뜨리며 더 이상 시를 읽지 못했다. 이 시를 낭독하고 3개월 뒤인 1837년 1월, 푸시킨은 당테스와의 결투로 생을 마감한다. 이 미완의 시는 푸시킨이 리체이 형제들에게 남긴 마지막 작별 인사가 되었다.

세월이 흐르며 우리처럼 광기가 사그라져,
온순해지고, 조용해지고, 점잖아졌네.
축배의 잔 부딪는 소리가 무뎌졌고,
우리 사이에 흐르는 말에는 그다지 장난기가 없네.
우리는 더 널찍이, 더 우울하게 앉아 있고,
노래 사이로 울리는 웃음은 더 드물어지고,
한숨과 침묵은 더 잦아지네.

모든 것에는 때가 있는 법. 이미 스물다섯 번
우리는 리체이의 소중한 날을 기념해 왔네.
어느새 세월이 연이어 흘러
이토록 우리는 변해 버렸네!
아니다! 헛되이 4반세기가 달려가 버린 것은 아니다!
한탄하지 마라. 운명의 법칙이 그러하거늘,
온 세상이 인간을 둘러싸고 도는데,
어찌 인간만이 홀로 멈춰 서 있겠는가?

오, 벗들이여, 상기해 보라, 운명이
우리를 하나로 묶어 준 이래로
우리가 무엇의, 무엇의 증인이었던가!
은밀한 유희의 노리갯감인,

혼란에 빠진 민족들이 갈팡질팡 헤맸고,
황제들이 우뚝 솟았다가 쓰러졌고,
사람들의 피가 때로는 명예로, 때로는 자유로,
때로는 긍지로 제단을 검붉게 물들였노라.

너희는 기억하지. 리체이가 세워졌을 때,
황제는 우리를 위해 여제의 궁전을 열어 주었다.*
그리하여 우리는 왔노라. 황실 하객들 사이에서
쿠니친*이 환영사로 우리를 맞이했지.
그때 12년의 폭풍우*는
아직 잠들어 있었다. 아직 나폴레옹은
위대한 민족을 시험하지 않았고,

* 황제는 우리를 위해 여제의 궁전을 열어 주었다 : 리체이는 예카테리나 궁전 내의 별관에 세워졌다.

* 알렉산드르 쿠니친(Александр Куницын) : 푸시킨이 가장 존경했던 스승이다. 그는 개교식에서 권력자들 앞에서도 굴하지 않고 '법과 자유'를 강조하는 연설을 했다.

* 12년의 폭풍우 : 나폴레옹의 침공을 말한다.

아직 위협하며 망설이고 있었다.

너희는 기억하지. 군대 뒤로 군대가 흘러갔고,
우리는 형들과 작별하고,
우리 곁을 지나쳐 죽으러 가는 이를
부러워하며, 울분에 차서 학문의 그늘로
돌아왔다…. 그리고 민족들이 격돌했고,
루시는 오만한 적을 껴안았고,
적군을 위해 마련된 눈밭이
모스크바의 화염으로 환하게 빛났다.

우리의 아가멤논*이 함락된 파리에서
우리에게 달려오던 것을 너희는 기억하지.
그때 그의 앞에서 어떤 환호성이 터져 나왔던가!
민족들의 벗, 그들의 자유의 구세주,
그는 얼마나 위대했던가, 얼마나 아름다웠던가!

* 아가멤논 : 알렉산드르 1세를 트로이 전쟁의 영웅 아가멤논에 비유한 것이다.

너희는 기억하지. 그가 영광스러운
자신의 여가를 보내던 이 정원들,
이 살아 있는 물들이 갑자기 생기를 되찾았다.

그도 없다. 경탄에 찬 세상 위로
자신이 드높인 루시를 그도 떠났고,
나폴레옹도 모두에게 낯선,
잊힌 추방자가 되어 바위 위에서 꺼졌다.
준엄하고 강력한 새로운 황제*가
유럽의 경계 위에 힘차게 서니,
대지 위에 새로운 먹구름이 몰려들었고,
그 폭풍이…

1836

* 새로운 황제 : 니콜라이 1세를 말한다.

해 설

"사색하고 고통받기 위해 나는 살고 싶다."

러시아 시의 태양

"우리 시의 태양이 졌다! 푸시킨이 숨을 거두었다. 전성기에, 위대한 여정의 한복판에서 세상을 떠났다…!" 1837년 1월 29일(이하 구력) 알렉산드르 푸시킨(Александр Пушкин)이 서른여덟의 나이에 결투 끝에 사망한 직후, 당대의 러시아 비평가이자 작가인 블라디미르 오도옙스키(Владимир Одоевский)는 이토록 비통한 말로 그의 부고를 알렸다. 이 말은 당시 러시아 지식인 사회에서 푸시킨의 죽음이 얼마나 거대한 상실이었는지를 단적으로 보여 준다. 태양이 지면 만물이 어둠에 잠기듯, 푸시킨의 부재가 러시아 문화의 암흑기를 가져올 것이라는 공포에 가까운 절망이 이 말에는 담겨 있다. 오도옙스키가 말한 "우리 시의 태양"이라는 은유는 단순한 수사를 넘어, 러시아 문학에서 푸시킨이 지닌 절대적 권위를 상징하는 '공식적인 관용구'로 자리 잡았다. 후대의 작가와 비평가들은 푸시킨을 기릴 때마다 이 표현을 직접적으로 사용하거나, 이를 변주하여 그에 대한 존경을 표했다.

푸시킨을 향한 이 헌사는 그가 뛰어난 시인이었다는 찬사를 넘어, 그가 러시아 문학에 빛과 질서를 부여한 '근원적 존재'임을 의미한다. 러시아 문학이 서구 문학의 영향 아래 자기 목소리를 찾기 위해 분투하던 상황에서 푸시킨의 등장은 문학사적 '빅뱅'과도 같은 사건이었다. 그는 고대 교회 슬라브어와 귀족의 세련된 언어, 그리고 민중의 생생한 구어를 하나로 융해하여 '현대 러시아 표준어'를 확립했다. 그가 '태양'으로 불리는 이유는 그가 창조한 언어의 빛 아래에서 비로소 러시아적인 삶과 풍경, 그리고 러시아인의 내면이 선명한 형체를 드러냈기 때문이다.

이를 두고 도스토옙스키(Фёдор Достоевский)는 1880년 '푸시킨 기념비 제막식'에서 한 '푸시킨 연설(Пушкинская речь)'에서, "그가 최초로 러시아 영혼의 아름다움을 우리에게 보여 주었고, 우리가 우리 자신을, 우리의 토양을, 우리의 힘을 믿게 해 주었다"라고 말했다. 도스토옙스키는 푸시킨이 최초로 러시아 영혼의 원형을 발견하고 이를 보편적인 문학 언어로 형상화함으로써, 러시아인들이 스스로가 누구인지 비로소 깨닫게 되었다고 보았다. 나아가 도스토옙스키는 푸시킨이 러시아 영혼을 단순히 보여주는 것에 그치지 않고, 그 아름다움을 제시함으로써 그것을 믿고 사랑하게 했다고 말했다. 그렇게 도스토옙스키는 푸시킨이 러시아인들에게 자신의 존재를 긍정하게 만드는 '정신적 거울'이 되었음을 천명했다.

20세기 러시아 시인 마리나 츠베타예바(Марина Цветаева)의 에세이 〈나의 푸시킨(Мой Пушкин)〉(1937)이 상징하듯, 푸시킨 이후의 러시아 작가들은 '푸시킨이라는 거울'에 자신을 비추며 문학적 정체성을 확립해 왔다. 도스토옙스키가 푸시킨을 러시아인의 보편적 영혼을 비추는 거울로 높이 세웠다면, 츠베타예바는 그 거울 앞에 선 개별 작가가 어떻게 자신만의 고유한 영혼의 형상을 발견해 내는가를 생생하게 증언한다. 츠베타예바가 선언한 '나의'라는 소유격은 푸시킨이 단순한 문학적 전범을 넘어, 작가 개개인의 자아를 발견하게 하는 '정신적 자화상의 투영체'가 되었음을 의미한다. 모든 러시아 작가가 저마다의 '나의 푸시킨'을 품고 있으며, 그를 바라보는 작가의 시각에는 각자의 가치관과 믿음이 고스란히 투영된다. 츠베타예바에게 푸시킨이 '영혼의 문'이었던 것처럼, 러시아 문학이라는 거대한 숲의 나무들은 저마다 푸시킨이라는 뿌리에서 자신만의 생명력을 길어 올린다. 푸시킨은 시대와 작가에 따라 매번 다르게 해석되지만, 깨지지 않는 하나의 거울로서 분산된 문학적 에너지를 한데 모으는 구심점이 된다. 러시아 문학이 아무리 다양한 갈래로 뻗어 나가도, 결국 그 뿌리에는 러시아인의 영혼을 최초로 발견하고 긍정한 푸시킨이라는 토양이 자리하고 있다.

이처럼 푸시킨이 러시아 문학의 내적인 구심점으로서 각 작가의 정체성을 비추는 거울이 되었다면, 도스토옙스키는 여기서 더 나아가 푸시킨이 지닌 '전 인류적 감수성(всечеловечность)'에 주목했다. 도스토옙스키에 따르면, 푸시킨은 타민족의 정신을 자신의 것처럼 수용하고 재창조하는 경이로운 능력을 보여 주었고, 이는 러시아 정신이 지향해야 할 궁극적인 보편성을 상징한다. 도스토옙스키는 바로 이 '모든 것을 품는 포용력'이야말로 가장 러시아적인 가치이며, 푸시킨이 이를 몸소 보여 줌으로써 러시아 정신이 세계를 구원할 수 있다는 희망을 주었다고 역설했다. 비록 도스토옙스키의 말에 담긴 국수주의적 메시아주의의 요소는 경계의 대상이 되어야 하나, 푸시킨이 보여 준 전 인류적 공감 능력이 그의 시를 민족 문학의 틀에 가두지 않고 시대를 초월해 모든 인간의 영혼에 호소하는 보편적인 인문적 가치로 격상시켰다는 점은 의심의 여지가 없다. 푸시킨의 시는 러시아인만의 전유물이 아니다. 그의 시 속에 담긴 자유와 사랑에 대한 갈망, 삶에 대한 긍정, 그리고 비극적 운명 앞에서도 잃지 않는 인간 존엄의 모습은 전 인류가 공유하는 보편적인 가치와 맞닿아 있다. '러시아 시의 태양'이 진 지 오래지만, 그 빛은 보편적 인문 정신의 원천으로서 여전히 우리를 비추고 있다.

온 세상이 우리에게 타향이고, 우리의 조국은 차르스코예 셀로라네

푸시킨은 1799년 5월 26일 모스크바의 유서 깊은 귀족 가문에서 태어났다. 그의 외증조부는 표트르 대제(Пётр I)의 총애를 받았던 아프리카 출신의 아브람 간니발(Абрам Ганнибал)로, 푸시킨은 자신의 이국적 혈통을 자랑스럽게 여겼다. 그러나 실제 가정의 실상은 화려한 겉치레와 정서적 빈곤이 공존하는 곳이었다.

유년 시절 푸시킨은 부모와의 관계가 그리 친밀하지 못했다. 푸시킨의 부모는 19세기 러시아 귀족 사회의 전형적인 '사교계 지상주의자'들이었다. 어머니 나데즈다 오시포브나(Надежда Осиповна)는 '북방의 아름다운 크리올인'이라는 명성에 걸맞게 파티와 모임의 중심에 서기를 즐겼다. 그녀는 장남인 푸시킨의 거친 외모와 반항적인 기질을 탐탁지 않게 여기고 동생들을 편애해서 감수성 예민한 소년의 마음에 깊은 상처를 남겼다. 아버지 세르게이 푸시킨(Сергей Пушкин) 역시 가정의 경제적 상황에는 아랑곳없이 세련된 프랑스식 사교 매너와 지적인 유희를 즐기는 데만 몰두하느라 자식을 등한시했다. 푸시킨의 부모에게 가정은 안식처가 아니라, 자신들의 귀족적 품위를 전시하는 '무대'의 연장선이었다. 부모는 자식들을 인격적으로 대하기보다, 사교 모임에서 프랑스어 시를 읊게 하여 자신들의 교양을 돋보이게 하는 '전시품'으로 취급하곤 했다. 특히 어머니의 사랑에서 소외되었던 소년 푸시킨은 집안에서 늘 이방인 같은 고독을 느껴야 했다. 부모의 이러한 방임은 역설적으로 푸시킨을 아버지의 서재로 밀어 넣었다. 프랑스 문학 애호가였던 그는 집 안에 방대한 프랑스 서적을 갖춰 놓아 푸시킨이 어린 나이에 볼테르(Voltaire)나 루소(Jean-Jacques Rousseau) 같은 서구 사상에 눈뜨는 '지적 환경'을 제공했다. 푸시킨은 아버지의 서재에서 프랑스 고전을 탐독하며 지적 세계를 구축해 나갔다.

부모가 채워 주지 못한 푸시킨의 정서적 빈자리를 채워 준 이는 유모 아리나 로디오노브나(Арина Родионовна)였다. 그녀는 푸시킨에게 단순한 보모를 넘어, '러시아어 스승'이자 '뮤즈'였다. 귀족 가정에서 프랑스어만 배우며 자라던 푸시킨에게 유모는 러시아 민중의 생생한 구어와 민담, 전설, 민요를 들려주었다. 푸시킨의 시가 지닌 독특한 리듬감과 소박하면서도 깊은 울림은 유모의 품 안에서 잉태된 것이다. 그녀는 푸시킨에게 러시아인의 삶의 비극과 해학, 그리고 끈질긴 생명력을 몸소 보여 주었다. 부모를 통해 얻은 프랑스적 지성과 유모를 통해 얻은 러시아적 감성은 푸시킨이라는 하나의 용광로 안에서 융합되었다. 부모의 서재와 유모의 무릎 사이에서의 성장이, 푸시킨을 '러시아 시의 태양'으로 만든 가장 중요한 양분이 되었다.

1811년, 푸시킨은 황실 주도로 설립된 엘리트 교육기관인 '차르스코예 셀로 리체이(Императорский Царскосельский лицей)'에 1기생으로 입학한다. 리체이는 그에게 단순한 학교가 아니라 '정서적 해방'이었다. 부모의 차가운 시선과 사교계의 허영 속에서 자라난 소년 푸시킨에게, 리체이는 비로소 숨을 쉴 수 있는 숲이 되어 주었다. 푸시킨이 부모에게서 받지 못한 사랑은 리체이의 친구들에게로 향했고, 그곳에서 그는 평생의 벗들을 만났다. 푸시킨에게 리체이 동기들은 단순한 학교 친구가 아니라 '선택된 가족'이었다. 그는 평생 '리체이 기념일'을 챙기며 친구들과의 유대를 목숨처럼 아꼈는데, 이는 어린 시절 집에서 겪었던 정서적 갈증이 '우정'으로 승화된 결과였다. 나중에 푸시킨은 리체이 동료들을 향해 이렇게 썼다.

운명이 우리를 어디로 내던지든,
행운이 우리를 어디로 데려가든,
우리는 변함없으리. 온 세상이 우리에게 타향이고,
우리의 조국은 차르스코예 셀로라네.

—〈10월 19일〉(1825)

리체이에서 푸시킨은 친구들의 격려와 자유로운 학풍 속에서 거침없이 시를 써 내려갔다. 리체이 시절 푸시킨의 시는 인간의 이성과 진보를 믿고 세상을 밝고 긍정적으로 바라보는 '계몽주의적 낙천주의'와, '술, 사랑, 우정, 순간의 즐거움'을 노래하는 '아나크레온적 향락주의(Anacreontics)'를 지배적인 특징으로 지닌다. 이 시기 푸시킨의 시가 지닌 눈부신 낙천성과 명랑함은 비로소 숨통이 트인 소년이 누리는 자유의 표현이었고, 유년의 결핍을 우정으로 치유하며 얻어 낸 소중한 예술적 전리품이었다.

자발적 추방자

1817년 6월, 리체이를 졸업한 푸시킨은 외무성 관리로 임명되어 페테르부르크로 이주했다. 그러나 그는 관직에 별다른 관심이 없었고, 마음속에는 이미 확고한 미래가 결정되어 있었다. 그는 자신이 시인임을 자각했고, 그 순간부터 그의 전 생애는 오로지 '시인의 삶'이었다. 푸시킨이 들어선 시인의 삶은 오랜 유배 생활과 고독으로 점철되고 가까운 벗들조차 그를 이해하지 못하는 외로움 속에서 죽음을 맞는, 비극적인 것이었다. 하지만 이 모든 비극이 단순히 차르 정부와 사교계의 적대적인 외적 상황에 의해 좌우되었다고 보는 것은 오해다. 푸시킨은 외부 상황에 수동적으로 예속되기에는 너무나 적극적이고 활동적인 기질의 소유자였기 때문이다. 그는 자신의 작품뿐만 아니라 삶에 대해서도 지극히 창조적인 태도를 견지했다. 마치 조각가가 거친 돌을 깎아 조각상을 완성하듯, 그는 자신을 둘러싼 적대적인 환경에 아랑곳하지 않고 스스로 자신의 전기를 능동적으로 빚어 나갔다. 그의 서사시 〈폴타바〉(1828)의 서문에는 "무거운 망치가 유리를 깨뜨리지만 강철은 단조한다"라는 구절이 등장한다. 이는 시인 자신의 생애를 고스란히 투영하는 형상이다. 삶이 휘두른 가혹한 망치질은 푸시킨에게 깊은 타격을 입혔으나, 그의 영혼은 유리처럼 허무하게 깨지지 않았다. 오히려 모진 탄압의 세월을 거치는 성숙의 과정에서 그는 격정적이고 재기 넘치던 젊음의 방황을 정화해 나갔다. 그 단련의 과정 끝에 푸시킨은 명료한 지성과 굳건한 인격을 갖추게 되었으며, 이는 그를 단순히 위대한 시인을 넘어 위대한 인간으로 우뚝 서게 했다.

'페테르부르크 시절' 푸시킨은 사교계와 문학계에 열정적으로 뛰어들어, 무도회, 연극, 문학 모임을 섭렵한다. 부모가 그토록 갈망했던 사교계에서 그는 뛰어난 재치와 시적 재능으로 금세 중심인물이 된다. 하지만 그는 단순한 한량에 머물지 않고, 당시 전제정치에 반대하던 청년 장교들과 교류하고 문학적 · 정치적 비밀 결사 단체인 '녹색 등불(Зелёная лампа)'에 참여하며 정치적 비판 의식을 키운다. 이 시기 푸시킨의 시에는 아나크레온적 향락과 유희의 요소가 여전했으나, 점차 정치적 · 사회적 자유에 대한 갈망이 담긴다. 송가 〈자유〉(1817)와 〈마을〉(1819) 등의 시는 차르 체제의 부조리를 날카롭게 비판하여, 그를 청년 세대의 정치적 상징으로 만든다. 또한 이 시기에 푸시킨이 러시아의 민담과 전설, 생생한 민중 구어를 토대로 쓴 서사시 〈루슬란과 류드밀라〉(1820)는 러시아 문단에 파장을 일으키며 일약 그를 러시아 근대 문학의 주도적 인물로 우뚝 서게 한다.

페테르부르크에서 사교계의 태양처럼 빛나던 푸시킨은 전제정치를 비판하고 농노제를 고발한 '불온한' 시들과 대담한 발언들이 문제가 되어, 1820년부터 1824년에 이르는 시기 동안 남부 러시아로의 '강제 전근'에 처하게 된다. 그리하여 그의 삶에 캅카스와 크림반도, 키시뇨프 등지를 떠도는, 남방 유배와 낭만주의적 방랑의 첫 시련의 시기가 닥친다. 수도에서 쫓겨난 것은 푸시킨에게 큰 정신적 충격이었으나, 캅카스의 웅장한 자연과 이국적인 풍광은 거대한 시적 영감의 원천이 되었다. 이 시기 푸시킨은 영국 시인 바이런(George Gordon Byron)에게 깊이 매료되어, 그의 시에는 리체이 시절의 낙천주의와 향락주의가 사라지고 '사회에서 소외된 고독한 영웅', '자유를 찾아 방랑하는 영혼'을 노래하는 낭만주의적 경향이 짙어진다. 푸시킨은 바이런의 형식을 빌려 오면서도, 이를 단순히 모방하는 데 그치지 않고 러시아적인 정서로 재창조하여 '남방 서사시(Южные поэмы)'를 비롯한 낭만주의 시의 걸작들을 탄생시켰다. '남방 유배기'에 푸시킨은 '러시아의 바이런'이라 불리며 문학적 명성이 정점에 달했다. 유배 중에도 그의 작품들은 페테르부르크에서 엄청난 인기를 끌었고, 그는 유배객 신분으로 러시아 문단을 주도하는 독보적인 존재가 되었다.

남방 유배기에 푸시킨은 황제에 의해 강제로 쫓겨난 '유배객'이었음에도 불구하고, 자신의 처지를 "자발적 추방자"로 재정의하는데, 여기에는 '바이런주의'의 문학적 틀이 결정적인 역할을 했다. 푸시킨에게 바이런은 단순한 시인이 아니라 '고립된 자신의 운명을 해석해 줄 유일한 언어'였다. 푸시킨에게는 강제로 유배된 처지를 '세상을 경멸하여 스스로 떠난 자발적 추방자'로 미화하기 위해 바이런적 영웅의 외피가 필요했다. 푸시킨은 자신의 실존적 상황에 바이런적 영웅의 모습을 투사하여, '세상이 나를 버린 것이 아니라, 내가 세상을 버렸다'는 태도를 취한다. 바이런의 문학 속 영웅들은 속물적인 문명사회에 환멸을 느끼고 스스로 광야로 떠난 인물들이다. 푸시킨은 유배라는 굴욕적인 현실에 바이런적 서사를 덧씌움으로써 정신적 승리를 꾀한다. 즉 자신을 권력에 의해 탄압받는 불쌍한 시인이 아니라, '타락한 페테르부르크의 사교계를 경멸하여 스스로 자유로운 대자연을 선택한 고귀한 방랑자'로 정립한 것이다. 이 시기 푸시킨의 시는 세속적 가치에 대한 환멸에 기인해 스스로를 고립시키는 '바이런적 우울'의 정수를 보여 주는데, 이는 외부의 압박에 굴복하는 것이 아니라, 주관적 의지로 세상을 거부하는 정신적 우월감을 내포한다. '나를 버린 세상'보다 '내가 더 고귀하다'는 인식이 깔린, '방랑하는 영혼'이 취하는 '고결한 고독'의 자세는 세상과의 불화를 자신의 특별함을 증명하는 근거로 삼는 낭만주의적 자아의 특징이다. 이렇게 '바이런적 낭만주의'의 프리즘으로 푸시킨은 자신의 유배 생활을 예술적으로 승화한다. 낭만주의 시의 정수인 푸시킨의 남방 유배기 시편들을 읽으며 우리는 한계 지워진 삶의 틀을 거부하고 자유로운 체험 속에서 생명의 분출을 갈망하는 '청춘의 원형'을, 세상과 타협하지 않고 '고결한 오만'으로 맞서며 현실과 이상 사이에서 방황하는 '청춘의 고뇌'를 마주한다.

밝은 슬픔

푸시킨의 남방 유배기는 오데사에 체류 중 무신론을 언급한 그의 편지가 검열에 걸려 끝이 난다(러시아 제국은 정교회를 국가의 근간으로 삼고 있었기에, 무신론은 매우 심각한 정치적 · 도덕적 범죄로 간주되었다). 황제 알렉산드르 1세(Александр I)는 이를 빌미로 그를 공직에서 파면하고 가문 영지 미하일롭스코예 가택 연금을 명령했다. 그리하여 1824년 여름부터 1826년 가을까지 약 2년 1개월에 걸쳐 지속된 '미하일롭스코예 시절'은 극도의 실존적 고독과 문학적 성숙이 함께하여, 푸시킨에게 가장 고통스러우면서도 창조적인 시기였다. 이제 푸시킨은 '바이런적 낭만주의'를 넘어, 삶의 민낯을 직시하는 '리얼리즘', '현실의 시'로 나아간다.

바이런주의와의 결별은 역설적으로 그 끝까지 가 보았을 때 시작되었다. 1823년, 유럽 혁명의 실패와 정치적 좌절 속에서 푸시킨의 시에는 바이런적 우울을 넘어선 철저한 회의주의가 나타나고, 낭만적 영웅의 환상에 대한 의문이 대두된다. 바이런적 영웅의 페르소나를 쓰고 자신이 겪는 소외를 '고결한 선택'으로 포장했던 푸시킨은 이제 '바이런적 영웅주의'가 사실은 '비대한 자아의 이기심'임을, '바이런적 우울'에 빠진 '고결한 인간'이 실제로는 삶의 목적 없이 방황하는 '잉여 인간'일 뿐임을 비판하며 낭만적 환상을 깨뜨린다. 미하일롭스코예의 고립된 환경에서 푸시킨은 셰익스피어(William Shakespeare)를 탐독하며 인간을 역사의 흐름 속에서 조망하기 시작하고, 그의 시에서 캅카스의 웅장한 산맥이나 흑해의 푸른 바다 같은 이국적 풍경이 사라진 자리에는, 러시아 농촌의 소박하고도 쓸쓸한 풍경이 들어선다. 그와 더불어 그의 시에는 주관적인 감정의 과잉이 사라지고, 대상을 차갑고 정교하게 관찰하는 '관조적 시선'이 형성된다. 가택 연금 시절 시인의 유일한 동반자였던 유모는 시인이 러시아적인 정서에 눈을 뜨고, 낭만주의의 환상에서 깨어나 러시아의 맨얼굴을 사랑하게 했다. 1825년 12월, 수도 페테르부르크에서 일어난 데카브리스트 반란의 비극적 종말은 푸시킨이 고수해 온 마지막 낭만주의적 환상을 걷어 낸 결정적인 사건이었다. 푸시킨은 유배 중이었기에 반란에 직접 참여하지 못했지만, 처형되거나 시베리아로 유배된 이들은 모두 그의 '녹색 등불' 시절 동료이자 리체이의 벗들이었다. 자신이 그토록 갈망했던 '정치적 자유'가 피의 숙청으로 끝나는 것을 목격하며, 푸시킨은 개인의 고결한 열정만으로는 결코 무너뜨릴 수 없는 현실의 냉혹한 벽을 뼈저리게 실감했다.

미하일롭스코예에서의 25개월은 푸시킨에게 '자아의 감옥'에서 벗어나 현실과 역사로 나아가는 성숙의 시간이었다. 그는 유럽 자유주의 운동의 궤멸과 데카브리스트의 비극을 통해 낭만적 열정의 한계를 보았고, 유모와의 교감을 통해 러시아 민중의 강인한 생명력을 확인했다. 이 시기 푸시킨은 바이런의 화려한 외투를 벗어 던지고, 리얼리즘의 날카로운 시선으로 러시아의 과거와 현재를 직시하기 시작한다.

1826년 미하일롭스코예 유배에서 풀려난 시점부터 1830년 '볼디노의 가을(Болдинская осень)'에 이르는 시간은 푸시킨의 생애에서 가장 혼란스럽고 위태로웠던, 이른바 '존재론적 방황의 시기'이다. 이 시기는 푸시킨이 유배라는 '물리적 감옥'에서 벗어났으나, 검열과 감시라는 '정신적 감옥'에 갇혀 끊임없이 삶의 의미를 묻던 때다. 1826년 9월, 새 황제 니콜라이 1세(Николай I)는 푸시킨을 모스크바로 불러 직접 대면하며, 푸시킨의 유배를 풀어주는 대신 '내가 너의 검열관이 되겠다'라는 파격적이면서도 위협적인 제안을 한다. 그리하여 유배는 끝났지만, 대신 푸시킨은 정신적 족쇄에 매이게 된다. 푸시킨의 모든 시구는 황제의 눈을 거쳐야 했다. 황제는 시인의 영감을 가두는 틀이었고, 푸시킨은 자신의 시가 황제의 입맛에 맞게 수정되는 과정에서 극심한 모멸감을 느꼈다. 푸시킨은 육체적 자유를 얻은 대가로 창작의 자유를 저당 잡혔고, 이 시기 그는 끊임없이 감시받고 있다는 압박감 속에 살았다. 자신이 유배지에 있는 동안 광장에 나갔던 벗들은 처형되거나 시베리아로 끌려갔다. 홀로 살아남아 황제의 총애를 받는 듯한 자신의 처지에 대해 푸시킨은 깊은 부채감과 고립감을 느꼈고, 비록 직접 투쟁하지는 못하나 쓰러진 동료들의 정신을 기억하고 예술로 승화하려는 태도를 시로 표출한다.

20대의 열정이 지나가고 30대에 접어든 푸시킨은 삶의 불확실성에 대해 극심한 피로감을 느낀다. 사교계는 그를 구경거리로 취급했고, 결혼을 통해 안정을 찾으려던 시도들도 번번이 실패했다. 이때 쓴 시들에서 푸시킨은 삶이 아무런 목적 없이 던져진 "우연한 선물"이라는 허무주의와 밤마다 찾아오는 과거의 죄책감으로 고통당하는 정신의 자화상을 그린다. 정신적 질식 상태에 빠진 푸시킨은 허가 없이 페테르부르크를 떠나 캅카스의 전쟁터로 달려가기도 했다. 이 시기 푸시킨의 시에 흐르는 짙은 회의주의와 고립감은, 그가 이 '허무의 지옥'을 벗어나기 위해 얼마나 처절하게 사색의 끈을 붙들고 있었는지를 보여준다.

이러한 막다른 정신적 골목의 상황 속에서 푸시킨은 나탈리야 곤차로바(Наталья Гончарова)와의 결혼을 허락받고 재산 문제를 정리하러 볼디노의 영지로 내려갔다가 콜레라로 인해 발이 묶인다. '볼디노의 가을'이라 일컫는 이 3개월은 세계 문학사에서 유례를 찾아볼 수 없는 '창작의 기적'이 일어난 시기다. 이 '우연한 격리'는 푸시킨에게 지난 4년간 쌓여 온 존재론적 방황을 예술로 결산하는 운명적인 선물이 되었다. 이 짧은 기간 동안 푸시킨은 문학의 전 장르를 섭렵하고 절정에 도달하며, 믿기 힘들 정도로 방대한 양의 걸작을 쏟아 냈다. 콜레라로 인한 강제적 고립은 그를 사교계의 감시로부터 해방시켰고, 시인은 이 '자유로운 감옥'에서 자신의 생애를 관통하는 사유들을 정제된 시어로 쏟아 냈다. 30대에 접어들어 결혼이라는 인생의 큰 전환점을 앞두고 죽음이 눈앞에 어른거리는 고립된 상황에서 그의 시는 극도로 명징해졌다. 지속되는 삶의 덧없음에 대한 인식, 과거의 잘못에 대한 뼈아픈 회한, 지나간 청춘에 대한 애도, 그리고 다가올 죽음에 대한 예감이 서늘하게 묘사된다. 그러나 푸시킨은 이 비극적 허무를 딛고 삶을 긍정하는 불멸의 철학적 서정시를 빚어낸다. 유배 시절부터 이어 온 민중적 정서는 볼디노의 황량한 가을 풍경과 만나며 완숙해졌고, 수식어를 최대한 배제하고 명사와 동사만으로 강렬한 이미지를 구축하는, 푸시킨 특유의 '단단하고 투명한 문체'가 이 시기에 완성되었다. '볼디노의 가을'은 시인에게는 개인적 구원이었으며, 러시아 문학에는 영원한 축복이었다.

이 정신적 성숙의 시기 푸시킨의 시가 시대를 초월하여 특히 큰 울림을 지니는 까닭은 그가 인간이 처한 가장 근원적인 조건, 즉 삶의 부조리한 '우발성'을 정면으로 응시했고, 삶의 비극적 심연을 보았으나 그것을 투명하고 찬란한 '밝은 슬픔'으로 승화했기 때문이다.

부질없는 선물, 우연한 선물,
삶이여, 너는 왜 나에게 주어졌는가?
알 길 없는 운명은 왜
너에게 처형을 선고했는가?

누가 적대적인 권능으로 나를
무에서 불러내서,
내 영혼을 격정으로 채우고
내 이성을 의혹으로 뒤흔들었는가…?

—〈부질없는 선물, 우연한 선물〉(1828)

시인이 스물아홉 생일에 쓴 이 비관의 시구들은 모든 인간의 숙명인 삶의 근원적 허무를 노래한다. 이유와 의미를 알 길 없는 삶을 마주한 인간을 옥죄는 삶의 무상함에 대한 인식은 20세기 실존주의가 내세운 인간 실존의 부조리성에 대한 인식을 놀랍도록 선취한다. 매일 반복되는 일상을 권태 속에서 살아야 하는 존재, 죽음을 향해 살아가는 존재, 이 세상에 이유 없이 내던져진 존재로서 불안을 안고 살아가는 존재인 실존주의적 인간은 시인 푸시킨의 자화상이다. 목적 없이 던져진 존재의 불안, 그것이 푸시킨이 응시한 삶의 민낯이었다.

하지만 푸시킨은 이러한 허무주의적 심연에 함몰되지 않는다. 삶에 대한 저 지독한 절망의 시구들에도 불구하고, 삶을 지각하는 푸시킨의 정서적 주조음(主調音)은 비극적 허무주의가 아니라 '밝은 슬픔'이다. 시인은 삶에 대한 도저한 절망, 삶의 근원적인 허무에 대한 인식을 딛고 삶을 긍정하며 축복된 것으로 받아들인다. 자신을 전율케 하던 삶에 대한 염세주의적 시각에 스스로 반발한다. 삶은 복잡하고 모순적이다. 때로는 칠흑같이 암울하다. 하지만 어둠과 빛, 어느 한 면에 고착되지 않는 것, 실로 그 점에 삶의 매력, 아름다움이 있다. 근원적인 허무로 인해 삶은 슬픈 것이지만, 그 슬픔은 밝다. 슬픔의 순간 사이사이 밝은 빛이 슬픔의 어둠을 열게 한다. 그렇게 삶을 견디며 삶에 애틋한 신뢰의 시선을 보낸다. '러시아 시의 태양', 아폴론적 원칙의 시인인 푸시킨의 시혼은 밝게 빛난다. 그의 시에는 행복과 고통의 어느 일면이 아닌 삶의 전체적인 면모의 수용과 삶에 대한 낙관의 파토스가 넘친다. 무엇이 삶 자체를 전체적인 면모 속에서 수용하며 긍정하게 하고 축복으로 느끼게 하는가?

삶을 축복으로 여기기 위해서는 "우연한 선물"인 삶 자체, 탄생과 소멸과 삶의 행보에 개입하는 '우연성'의 계기가 긍정되어야 한다. 푸시킨의 삶에 대한 믿음, 삶에 대한 긍정적인 정서적 지각의 기원에는 인간 존재의 '우연성', 그 '우발성' 자체를 긍정하는 그의 '삶의 철학'이 놓여 있다[푸시킨의 주옥같은 사랑 시편 중 걸작 중의 걸작으로 널리 알려진 시 〈나는 경이로운 순간을 기억하오〉(1825)는 흔히 운명적인 사랑에 관한 시로 오해받곤 하지만, '우발성'의 축복에 대한 찬미로 읽어야 한다]. 삶은 흐른다. 어둠과 빛, 공허와 충만의 순간들이 번갈아 삶의 페이지를 채운다. 그렇게 낙관도 염세도 아닌, 단선적인 시각에 갇혀 고여 있지 않은 흐르는 물과 같은 것으로 삶을 대한다. 삶은 새로운 생성의 전망 아래 열려 있다. 구체적으로 당면한 매 순간 우연은 삶을 다른 행로로 움직이게 할 수 있다. 탄생부터 죽음에 이르기까지 인간의 삶의 행보 곳곳에 도사리고 있는 우연의 상황은 때로 인간을 삶이 잔인한 운명에 의해 좌우되는 무의미한 혼돈이라는 절망적인 허무의 인식으로 내몰고, 또 때로는 바로 그래서 삶은 예기치 않은 경이로운 선물로 인간에게 다가온다. 삶에는 미리 결정된 원인도 목적도 있을 수 없음에 대한 인식, 삶의 행보에 대한 전망을 열려 있게 하는 '우발성'에 대한 긍정이 환멸과 절망을 딛고 삶에 대한 믿음을 견지하게 한다.

푸시킨의 시를 읽는 것은 '삶이 나를 속일지라도 슬퍼하거나 성내지 않는' 법을 배우는 것이 아니다. 오히려 삶이 나를 속일 수밖에 없는 우발적인 것임을 긍정하고, 그 속임수조차도 삶의 생동하는 유희로 받아들이는 용기를 얻는 일이다. 푸시킨의 시를 읽는 것은, 우리 삶에 도사린 무의미와 허무를 회피하지 않고 마주하는 일이며, 그 칠흑 같은 어둠 속에서 갑자기 찾아올 '우연한 빛'을 기다리는 근본적인 낙관주의를 배우는 일이다. 그리하여 우리의 슬픔은 더 이상 침잠하는 어둠이 아니라, 내일을 향해 투명하게 빛나는 '밝은 슬픔'이 된다. 푸시킨의 시는 '경이로운 우발적 순간'을 품고 있는 '삶의 찬가'로 우리 곁에 영원히 살아 숨 쉰다.

사색하고 고통받기 위해 나는 살고 싶다

삶을 불확정적이게 하고 그 전망을 열려 있게 하는 우연에 대한 푸시킨의 긍정은 현재의 고난 앞에서 주저앉은 인간에게 주는 위로와 희망의 메시지다. 그러나 '미래에 대한 믿음으로 슬픈 현재를 견디기만 하면' 삶은 행복의 순간을 선물하는 것인가? 슬픔이 기쁨으로, 애수가 환희로 바뀌는 은총의 순간은 그저 주어지지 않는다. 푸시킨을 단지 삶에 대한 막연한 믿음, 시간이 지닌 치유의 힘을 말한 시인으로 이해하는 것은 그에 대한 오해다.

하지만, 오, 벗들이여, 나는 죽고 싶지 않아.
사색하고 고통받기 위해 나는 살고 싶다.

—〈비가〉(1830)

푸시킨이 이 시에서 내면의 한 축에 자리한 염세적 절망을 뿌리치며 선언한 이 삶의 신조는 비극적 허무를 딛고 삶을 예찬한 시인 푸시킨의 면모를 대변하며, 삶에서 축복된 순간을 맞기에 합당한 인간의 모습을 피력한다. "벗들"을 향한 시인의 이 내면의 토로는 그의 동시대인을 향한 말을 넘어 '인간다운 삶'에 대한 보편적 호소로서의 가치를 지닌다. 바로 "사색"과 "고통"이 지닌 보편적인 인문적 의미 때문이다.

인문의 근원은 사유다. 사색을 통해 인간은 '인간다움'을 실현할 수 있다. 사색은 인간을 자유롭게 하며, 자유로운 인간만이 진정한 인간이다. 사색을 통해 인간다워지는 인간은 노예가 아닌 자유인이다. 인문학의 어원인 라틴어 '아르테스 리베랄레스(artes liberales)'는 인간이 '노예 상태에서 벗어나 자유롭게 되는 기술'을 뜻한다. 인간은 사유를 통해 자신과 자신의 삶, 그리고 세계를 성찰하고 반성하며 환경에 예속되어 순응하는 존재이기를 그친다. 사유가 자신의 힘으로 세상에 나서고 또 어떤 고난이 와도 스스로 이겨 나갈 수 있는 힘을 준다. 사색의 추구는 극단의 상황 속에서도 인간의 존엄성을 잃지 않으려는, 인간의 품격을 보존하려는 노력이다. 인간이 인간답기 위해 필요한 것이 반성적으로 사유하는 힘이다. 인간은 깊이 사고하고 자율적으로 판단할 수 있는 역량을 갖춤으로써 스스로의 힘으로 인간의 존엄을 지키고 자신의 비참하고 절망적인 상황에서 벗어나고자 하는 용기를 갖게 된다. 사유한다는 것은 곧 자유롭게 된다는 것, 소외를 극복하고 자기 삶의 주인으로 선다는 것을 의미한다. 스스로 사고할 수 있고, 정신을 창조적으로 사용할 수 있는 자유인이 바로 푸시킨이 말하는 바의 삶의 이상이자 인문 정신의 핵심, '단독자'의 모습이다. 사색이 삶의 이유라 말하며 푸시킨은 정신적으로 자유로운 인간으로 살고자 하는, 자유의 이상을 자신의 삶에서 구현하고자 하는 지향을 표출한다. 인간의 자주성은 외부에서 오는 것이 아니라, 자기 자신을 창조하는 인간 자체에 있다. 〈비가〉의 시적 주인공은 삶을 반성적으로 성찰하며 동시에 창조적으로 확립해 나가려는 이상을 피력한다. 단독자로서 자신의 삶을 창조하려는 의지, 실존의 새로운 지평을 열어 가려는 의지다. 그래서 그에게서 니체(Friedrich Nietzsche)의 "위버멘슈(Übermensch)"의 선구자를 보는 것도 무리가 아니다.

자유로운 인간의 삶에 고통은 불가피하다. 사색이 자유인의 한 조건이라면, 고통은 사색과 불가분 결부된 인간다운 인간의 또 다른 징표다. 사색하는 인간은 고통받는다. 깊이 사고하고 자율적으로 판단하는 인간은 인습과 규범에 순응하는 것이 아니라 스스로의 삶의 가치를 창조하려는 용기를 갖는다. 그 과정에서 생기는 실수와 죄악도 부정하지 않으며 감내한다. 사색하는 인간에게 실수와 죄악이 남긴 정신적 상흔은 부정의 대상이 아니라 성찰의 동기가 된다. 고통은 정신의 창조적 적용에 수반되는 것이자, 실수와 죄에 대한 기억과 책임감이다. 고통받는 인간은 망각하지 않는 인간이다. 실수와 죄악에 대한 성찰을 통해 인간은 정신적 성숙과 자기완성을 향해 나아간다. 고통은 인간의 내적 정화와 성숙의 과정으로서 인내해야 할 가치를 지닌다. 그래서 푸시킨은 고통스러운 삶의 순간들을 소중히 여긴다. "혐오에 차서 나의 삶을 읽으며 나는 떨며 저주"하지만, "슬픈 행들을 씻어 내지 않는다"(〈회상〉, 1828). 심장을 찌르는 양심의 고통 때문에 기억에서 씻어낼 수 없다. 시인은 자신의 모든 행동을 기억 속에서 떠올리고 그것을 양심에 따른 심판에 부칠 것을 요구한다. 그렇게 하며 인간은 윤리적 성숙을 향해 나아가야 한다. 양심의 구현이 되는 행동만이 인간에게 합당하다. 쓰라린 회한 속에서도 과거를 부정하지 않겠다는 태도는 푸시킨의 낭만주의 시에서 이미 출현해서 그의 시를 관류한다.

"고통"은 비단 자유롭기에 불가피한 실수와 죄악에 대한 책임을 회피하지 않고 대면하겠다는 의지의 산물인 것만은 아니다. 고통은 느낌이다. 양심의 고통은 느낄 수 있는 자, '심장이 살아 있는 자'의 몫이다. 삶에 대해 성찰하는 인간은 양심의 느낌으로 인해 고통받는다. 양심이 깨어 있어야 성찰이 가능하다. 양심의 고통이 망각을 불가능하게 하고 삶을 돌아보며 성찰하게 한다. 이렇게 감정과 사고, "고통"과 "사색"은 불가분한 순환의 고리를 이룬다. 그렇기에 푸시킨이 "고통받기 위해 살고 싶다"라고 했을 때, 보다 적극적인 의미에서 그것은 충만한 정서적 체험의 삶에 대한 지향을 말한다. "삶이여, 너는 왜 나에게 주어졌는가?"라는 질문에 시인이 스스로 준 대답인 '고통에 대한 요청'은 참된 인간의 조건으로서 풍요로운 정서적 삶에 대한 지향이다. 그것이 사고를 발전시키고 인간을 인간이게 한다.

엄혹한 현실에 굴복하거나 그로부터 달아나지 않고 삶을 직시하며 사색하고 고통받기를 원하는 인간의 모습은

'인간다움'의 표상으로서 보편적 의미를 지닌다. "사색"과 "고통"에 대한 요청은 인문의 핵심인 자유인, 곧 노예가 아니라 자기 삶의 주인인 인간이 견지하는 삶의 자세다. 푸시킨의 시는 "사색"과 "고통"의 삶을 사는 자유인의 모습을 통해 인문의 이상을 우리에게 선명히 일깨운다.

다른 자유

볼디노의 기적 같은 가을을 뒤로하고 페테르부르크로 돌아온 푸시킨의 삶은 겉으로는 화려했으나 내면은 처절한 투쟁의 연속이었다. 결혼 후 푸시킨은 황제에 의해 '시종보(Камер-юнкер)'라는 관직을 제수받는다. 황제의 시중을 드는 이 하급 관직은 주로 20대 초반의 새파란 귀족 청년들이 받는 것으로, 중년의 러시아 최고 시인에게는 어울리지 않는 모욕적인 직함이었다. 이는 황제가 그의 아내 나탈리야를 무도회에 자주 부르기 위한 술책이자 푸시킨을 곁에 묶어 두려는 통제였다. 황제 니콜라이 1세의 엄격한 검열, 궁정 귀족들의 시기와 질투, 경제적 어려움이 그를 압박했다. 이렇게 푸시킨의 삶과 창작의 마지막 단계인 1830년대는 자립과 자존을 위한 비극적인 투쟁이 시인의 삶에서 그토록 중요한 것이 되었던 때다. 자유에 대한 점점 더 깊은 이해가 그의 사색의 주된 방향이 된다.

다른 최상의 권리가 나는 소중하다.
다른 최상의 자유가 나는 필요하다.
차르에 의지하든, 민중에 의지하든
우리에겐 마찬가지 아닌가? 그러라지.
누구도
이해시키려 하지 말 것. 자신을 위해서만
일하고 자신만 만족시킬 것. 권력을 위해, 제복을 위해
양심도 생각도 목도 굽히지 않을 것.
자연의 성스러운 아름다움에 놀라고
예술과 영감의 창조물 앞에서
감동의 환희에 젖고 기쁨에 떨며
내키는 대로 여기저기 떠돌 것.
바로 이런 행복! 바로 이런 권리….

—〈핀데몬테의 시에서〉(1836)

푸시킨이 생애의 마지막 여름에 쓴 이 시구들을 통해 천명한 “다른 최상의 자유”는 바로 시인이 종국에 도달한 자유의 이상을 표현한다. 시인은 삶에서 견지해 온 현실 참여의 열망에 대해 이제 환멸에 처했다고 말한다. 그는

이제 권력과 사회에 예속되어 빼앗겨서는 안 되는 도덕적 자율과 정신적 자유, 인간의 존엄을 주장한다. 권력과 사회에 대한 환멸의 상황에서 푸시킨은 자신의 시대 속에서 얼어붙는 것을, 다시 말해 판단과 행동의 자유와 윤리적 책임을 저버리고 환경에 용해되는 것을 거부한다.

여기에서 "차르에 의지하든, 민중에 의지하든"이라는 말은 19세기 정치사상의 전형적 지형에서 대두되는 '전제정'과 '의회정' 사이의 대립 관계를 암시하는데, 푸시킨은 이 대립을 무화시킨다. 시인은 "차르"와 "민중", 두 대립적인 세력 사이에 놓인 개인의 권리에 관해 말하며 두 세력 모두에 대해 거리를 둔다. 시인이 추구하는 것은 어떠한 외부의 힘에 의해서도 침해되어서는 안 되는 사적 실존의 자유다. 그래서 그는 비단 "차르"뿐 아니라 "민중"에게서도 거리를 둘 것을 선언한다. 푸시킨에게는 전제 군주뿐 아니라 "민중"도 자유의 적이기 때문이다. 푸시킨이 보기에 자유에 대한 위협은 비단 전제 권력뿐 아니라 민주주의로부터도 대두된다.

이와 같은 이 시구의 함의는 푸시킨의 정치의식이 지닌 '자유주의적 보수주의'의 면모에서 유래한다. 푸시킨의 정치적 사고는 19세기 정치사상의 스테레오 타입, 곧 당대의 전형적인 보수주의와 자유주의 중 어디에도 귀속되지 않는 독특한 면모를 보인다. 19세기의 전형적인 보수주의자들이 계급적 위계질서를 기반으로 한 전제군주제를 지지했다면, 자유주의 진영이 추구한 것은 민주주의를 통한 자유와 평등의 실현이다. 이런 전통적인 정치적 우파와 좌파의 대립 관계와 달리 푸시킨의 정치의식에서 자유는 군주정 체제의 계급 국가를 추구하는 보수주의와 짝을 이룬다. 그가 보기에 민주주의는 전제정과 마찬가지의 독재 체제다. 푸시킨은 군주제를 지지했지만, 자유주의자로서 독재에는 반대했다. 그는 자유주의자였지만 민주주의의 본질을 독재로 이해했기에 전제정의 독재와 마찬가지로 민주주의에도 반대했다. 푸시킨은 자유를 위해 민주주의를 거부하고 군주정을 옹호했다. 푸시킨이 초기 정치시에서 민중의 고난을 노래하고 폭군을 위협하며 민중 봉기를 선동하지만, 그는 민주주의를 위한 사회 혁명을 요구하지 않았다. 남방 유배기 초기인 키시뇨프 시절 유럽에서 일던 민중 봉기의 움직임에 정치적 변화의 희망에 부풀었던 때에도, 푸시킨의 정치적 이상은 자유와 법질서를 보장하는 입헌군주제에 대한 요구 이상으로 나아가지 않았다. 푸시킨에게 소중한 것은 민중의 자유이지 민중 권력이 아니었다. 그는 '자유의 가수'이자 '제국의 가수'였다. "차르"의 권력으로 표상되는 제국의 이상과 "민중"의 이름으로 표상되는 자유의 이상이 푸시킨의 모순된 정치의식의 두 축을 이룬다. 이 점이 푸시킨의 '정치시'를 읽는 독자에게 적잖은 당혹감을 야기하지만, 여기에는 그의 예지적인 정치철학적 통찰이 담겨 있다.

민주주의에 대한 푸시킨의 불만은 정치적 주체로서의 민중에 대한 두 측면의 불신으로부터 대두된다. 한편으로 그것은 '그리스 봉기'에 대해 깊은 실망을 겪고 쓴 유명한 시구들에서 자신을 "황량한 자유의 씨를 뿌리는 자"(〈나는 황량한 자유의 씨를 뿌리는 자〉, 1823)로 인식하는 시인이 쓰라리게 토로하는 바와 같이, 자유를 위해 일어나 싸울 줄 모르는 노예들에 대한 저주다. 시인이 정치적 주체로서 민중에 대해 품은 불신의 또 다른 원인은 바로 혁명의 순간 분출되는 민중의 집단 광기다. 그것은 〈앙드레 셰니에〉(1825)에서 중심적인 정치적 문제로 대두된다. 푸시킨에게는 혁명이 애초에 내세운 법치에 기초한 자유와 평등의 이상을 무너뜨리는 민중의 무분별한 광기가 프랑스 혁명의 가장 무시무시한 장면이다. "차르에 의지하든, 민중에 의지하든"이라는 말년의 시구에 이르기까지 푸시킨은 자유를 위협하는 민중의 집단 광기의 위험을 줄곧 경계했다. 그래서 그는 민중의 자유를 염원하는 동시에 민중 권력을 부정했다. 푸시킨은 제르맨(마담) 드 스탈

(Germaine de Staël), 월터 스콧(Walter Scott) 등과 더불어 혁명적 분출의 시대의 군중 심리에 대한 첫 학적 · 예술적 조명을 시도한 18세기 말~19세기 초 유럽의 지성 중 한 명이다. 프랑스 혁명기의 정치적 테러와 군중의 광기에 관한 푸시킨의 시구들은 '자코뱅 독재'의 주된 원인을 '평등의 망상적 체계에 대한 야만적 도취'에서 찾았던 마담 드 스탈의 프랑스 혁명에 대한 시각과 공명한다.

민중에 대한 푸시킨의 이해에서 가장 주도적인 정신적 자질은 '분별없음'이다. '분별없음'에서 '순종'과 '광기'라는 동전의 양면인 민중의 속성이 기인한다. 푸시킨은 민중이 순한 양 떼에서 광기에 찬 폭도로 변모되는 과정에 광신의 현상이 개입되어 있음을 이해했다. 정치적 광신주의가 혁명적 테러리즘과 함께 집단 광기를 낳는다. 이념적 광신자들이 정치적 강압과 잔혹한 테러를 자행하고 그 이념에 현혹된 민중의 집단 광기가 이를 뒷받침한다. 집단 광기는 광신주의자들이 벌이는 선동정치와 민중의 분별력 부재의 만남을 통해 빚어진다. 민주주의의 기초인 '자유'와 '평등'의 보편적 이념 역시 맹목적 숭배의 대상과 선동의 수단이 될 때 광기에 찬 테러리즘을 낳는다. 푸시킨의 시적 통찰대로 프랑스 혁명은 민주주의의 역사에서 지닌 의의 못지않게 유럽에서 광범한 규모의 정치적 광신주의가 처음으로 폭발한 사건으로서도 특별한 의의를 띤다. 20세기의 역사적 경험은 정치적 광신의 문제를 정치철학의 중심적인 성찰 대상이 되게 했다. 이와 관련하여 프랑스 혁명에 대한 푸시킨의 성찰, 혁명기 군중의 집단 광기에 대한 시적 묘사는 예지적 의의를 지닌다.

광신의 개념은 정서적 범주이기도 하지만 우선 지적 범주다. 광신자는 정치적 신념을 가진 인간이다. 누군가의 광신의 토대에는 자신의 이성적 판단에 대한 절대적인 믿음이 자리한다. 이념에 대한 광신이 광기에 찬 파괴의 불길과 결합한다. 푸시킨이 다음의 시구를 통해 말한 바와 같이, 근대의 독재의 기원에는 인간 이성에 대한 계몽주의의 맹신이 놓여 있다.

세상이 텅 비었다…. 이제 도대체 어디로,
대양이여, 너는 나를 데려가려나?
지상의 운명은 어디나 똑같다.
한 방울의 행복이 있는 곳, 그곳에는 이미
계몽 아니면 폭군이 파수를 서고 있다.

—〈바다에게〉(1824)

푸시킨은 계몽을 정치적 독재와 동렬에 놓는다. 계몽주의의 이성에 대한 맹신은 인간을 평균화하고 균질화하고 획일화한다. 이성적인 보편적 기준의 적용은 개인의 자유를 억압하는 폭군의 속성을 지닌 것이다. 푸시킨의 통찰은 20세기 정치철학자들이 전체주의의 역사적 경험을 반성하며 말한 '계몽의 폐해', 계몽의 이상이 낳은 '유토피아 기획'의 폭력적 속성에 대한 이해를 선취한다.

'이성의 빛으로 세상을 밝게 한다'는 계몽의 이상과 함께 인간이 이성의 도움으로 '지상천국'을 이루려는 '유토피아 사회공학'이 대두된다. '유토피아주의'의 위험성은 정치적 광신이 그 유기적 속성을 이룬다는 점에 있다. 이미 푸시킨의 당대에 마담 드 스탈이 정치적 광신주의의 기원에 '유토피아주의'가 자리 잡고 있음에 대해 말했다. 계몽주의적 유토피아 공학은 자기 손에 쥔 이상적인 세상의 설계도를 실현할 수 있다는 절대적인 믿음을 가진 누군가에 의해 추진된다. 자기가 알고 있는 지식이 최종적이고 완전한 진리라고 믿는 바로 이 광신이 문제다. 광신이 선동과 억압과 폭력을 낳고, 결국 유토피아 공학은 전체주의의 디스토피아로 귀결된다. 푸시킨은 프랑스 혁명에서 계몽주의가 내세운 이념의 폭력성, 정치적 광신주의를 그 속성으로 하는 유토피아적 기획이 지닌 광기에 찬 폭력의 위험성을 보고 혁명적 수단을 통한 급격한 사회개조에 반대했다. 그는 '지상천국'을 믿지 않았기에 유토피아를 위한 광신과 광기에 찬 사회개조의 움직임을 거부했다. 푸시킨은 인문적 기초에 기반한 사회의 점진적 개선을 바란 개혁주의자였다. 그는 유토피아주의가 초래하는 전체주의에 의한 개인의 말살에 맞서, 집단 이념이나 여론에 종속되지 않는 정신적 자존을 주창한다.

이렇게 푸시킨의 '민주주의에 대한 반감'의 한 측면이 프랑스 혁명에서 목도한 '혁명적 독재', 곧 정치적 광신주의를 속성으로 하는 유토피아적 기획이 낳는 광기에 찬 정치적 폭력이라면, '민주주의와 독재'의 문제의 또 다른 측면은 20세기에 민주주의적 절차를 통해 태동한 전체주의의 가공할 역사적 참상으로 현실화된 '다수의 독재'의 위험성이다. 자유에 대한 푸시킨의 시적 사색의 귀결인 시 〈핀데몬테의 시에서〉에는 '혁명적 독재'에 대한 그의 반감뿐 아니라 '다수의 독재'의 문제에 대한 그의 우려 또한 투영되어 있다[이 시는 '다수의 독재'를 민주주의 정치철학의 중심 문제로 성찰한 알렉시 드 토크빌(Alexis de Tocqueville)의 책 《미국의 민주주의(De la Démocratie en Amérique)》(1835)에 대한 직접적인 시적 반향이다]. 종국에 푸시킨은 인간 영혼 깊숙이 깃든 하나의 견고한 자유의 보루에 대해 말한다. 어느 시대를 막론하고 극심한 역사의 압박 아래에서도 인간이 기댈 수 있는 무엇이 그 속에 있다. 이것이 '최상의 자유'인 까닭은 상황의 압박에 좌우되지 않는, 자주적이고 자족적인 인간 존엄의 목소리이기 때문이다. 불의의 세상에 저항할 수 있는 능력, 판단과 행동의 자유와 윤리적 책임을 견지하며 환경에 종속되지 않는 능력이 푸시킨에게 진정한 인간의 핵심 본질을 이룬다. 이 '정신적 귀족주의'가 인간다운 삶의 보루다.

푸시킨은 자유와 명예와 사랑과 창조를 인간의 기본적인 미덕으로 여겼다. 고양된 감정들이, 자유가, 명예와 사랑이, 영감에 찬 예술이 시인의 피를 들끓게 했다. 자유, 명예, 사랑, 창조, 이 네 좌우명에 이끌린 삶을 살았던 푸시킨에게 그중 보다 고귀한 것은 자유와 창조의 신조였다. 푸시킨은 삶에서 단 한 순간도 자유로운 창조적 삶에 대한 추구를 단념할 수 없었다. 자유 없이 푸시킨은 생각될 수 없다. '자유'의 주제는 푸시킨의 가장 중요한 주제로 그의 시를 관류하고, 시인의 여정은 그가 '시로 쓴 유언들'에서 '자유'의 이상을 천명함으로 마감된다. 푸시킨은 자유의 이름을 입에 물고 삶을 마감했다.

나는 오래도록 민중에게 사랑받으리라.

내가 리라로 선한 감정을 일깨웠으므로,
나의 잔혹한 세기에 자유를 찬양하고
쓰러진 자들을 위한 자비를 간구했으므로.

―〈나는 손으로 만들지 않은 나의 기념비를 세웠노라〉(1836)

당대의 데카브리스트 시인들이 지고한 '시민적 감정'의 고양을 위해 사적인 감정을 배격할 것을 요구했던 것과 달리, 푸시킨에게 자유와 사랑은 대립하는 가치가 아니었다. 영혼이 빈곤한 '살아 있지만 죽은 삶'이 아니라, 풍요로운 감정 속에서 생명의 분출을 만끽하는 충만한 삶, '진정으로 살아 있는 삶'을 위해 인간은 자유로워야 하고 사랑해야 한다. 푸시킨은 또한 사랑을 노래한 최고의 시인으로 우리 곁에 있다.

명예는 푸시킨을 고독으로, 그리고 때 이른 죽음으로 이끌었다. 아내를 향한 사교계의 음해와 프랑스 장교 당테스(Georges d'Anthès)의 모욕은 결국 결투로 이어졌다. 1837년 1월 27일, 눈 덮인 초르나야 레치카(검은 강)에서 푸시킨은 치명상을 입었고, 이틀 뒤 "삶은 끝났다"라는 말을 남기고 숨을 거둔다.

푸시킨의 시는 현실의 무자비한 잔혹함에도 불구하고 우리를 삶과 화해시키고 우리에게 인문 정신을 일깨운다. "푸시킨의 시를 읽고 그의 시를 통해 떠오르는 인간의 모습을 사랑하게 되면, 소박하고 지혜롭고, 때로는 유쾌하고, 때로는 슬프고, 언제나 정직하고 담대한 평생의 친구를 얻는다"(유리 로트만, Юрий Лотман).

이 시집이 나오기까지 도움을 주신 지식을만드는지식 편집부 여러분께 깊은 감사를 드린다. 이 시집의 번역은 2024년 상명대학교 교내 연구비 지원을 받아 이루어졌다.

지은이 연보

1799년 5월 26일, 모스크바에서 세르게이 푸시킨과 나데즈다 오시포브나의 아들로 태어난다. 아버지는 근위대 중위로 예편한 모스크바 병참국 관리였고, 어머니는 표트르 대제의 측근이었던 아프리카 출신 아브람 간니발의 손녀였다.

1811년 황제 알렉산드르 1세의 칙령으로 페테르부르크 근교의 예카테리나 궁전 별관에 설립된 국가 엘리트 양성 기관, '차르스코예 셀로 리체이'에 1기생으로 입학한다. 8월 12일 입학시험을 치르고, 10월 상순 리체이 기숙사 14호실에 입주한다. 10월 19일, 황제가 참석한 가운데 거행된 개교식에서 알렉산드르 쿠니친 교수가 한 자유와 정의에 대한 연설에 깊은 감명을 받는다. 이는 훗날 푸시킨의 시민 의식과 저항 정신을 형성하는 사상적 뿌리가 된다. 푸시킨은 리체이 졸업 후에도 평생 10월 19일을 '리체이의 날'로 부르며 동기들과의 우정을 기렸고, 그의 시 세계에서

'리체이'는 자유와 우정의 상징으로 남는다.

1812년 6월 12일, 나폴레옹의 침공으로 '조국전쟁' 발발한다. 푸시킨은 리체이가 있는 차르스코예 셀로를 통과해 전장으로 향하는 러시아 군대를 보며 뜨거운 애국심과 민족적 자각을 경험한다. 8월 26일 보로디노 전투가 벌어지고, 9월 2일 나폴레옹 군대가 모스크바를 점령한다. 10월 6일 나폴레옹이 모스크바에서 철수한다.

1814년 3월 19일, 파리가 함락된다. 7월 4일, 《유럽 통보》에 시 〈시인인 친구에게〉를 성에서 거꾸로 자음만 따온, '알렉산드르 엔카샤페'라는 필명으로 발표하며 문단에 공식적으로 등단한다.

1815년 1월 8일, 리체이 진급 시험에서 원로 시인 가브릴라 데르자빈이 지켜보는 가운데 〈차르스코예 셀로의 회상〉을 낭송한다. 데르자빈은 "이제 나를 대신할 시인이 나타났다"라고 극찬하며 푸시킨을 자신의 후계자로 공인한다.

1816년 3월, 진보적 문학 단체 '아르자마스'의 회원으로 선출된다. 예카테리나 바쿠니나를 흠모하여 일련의 비가를 쓴다. 철학자 표트르 차다예프와의 교류가 시작된다.

1817년 6월 9일, 리체이를 졸업한다. 졸업식에서 시 〈불신〉을 낭송한다. 6월 13일, 외무성 관리로 임명된다. 9월에 '아르자마스' 모임에 처음 참석한 후, 최연소 정회원으로 활동하며 문단 거장들과 교류한다. 진보적 비밀 결사인 '녹색 등불' 활동에 참여한다. 서사시 〈루슬란과 류드밀라〉를 집필하기 시작한다. 송가 〈자유〉를 집필한다.

1818년 니키타 무라비요프, 니콜라이 투르게네프 등 미래의 데카브리스트들과의 교류가 깊어진다. 1~2월, 중병(신경성 열병)을 앓는다. 5~6월, 시 〈차다예프에게〉를 쓴다.

1819년 7월, 영지 미하일롭스코예를 방문하여 시 〈마을〉을 집필한다. 가을, '녹색 등불' 활동에 적극적으로 참여한다. 사회 비판적이고 저항적인 시들을 발표하며 청년 지식인들의 우상으로 떠오르고, 페테르부르크 총독의 감시 명단에 오르기 시작한다.

1820년 3월 26일, 시인 바실리 주콥스키의 집에서 완성된 서사시 〈루슬란과 류드밀라〉를 낭송하고, 주콥스키는 푸시킨의 천재성에 경의를 표하며

"패배한 스승이 승리한 제자에게"라는 문구를 적은 자신의 초상화를 선물한다. 푸시킨의 저항적인 시들이 알렉산드르 1세의 분노를 사게 된다. 당초 시베리아 유형이나 북극의 솔로베츠키 수도원 감금이라는 가혹한 처벌이 검토되었으나, 주콥스키와 니콜라이 카람진 등 선배 문인들의 간곡한 구명 활동으로 형이 경감된다. 5월 6일, 외무성 업무를 명목으로 남러시아(키시뇨프)로 추방당한다. 5월 하순, 경유지인 예카테리노슬라프에서 병을 얻어 고생하던 중, 우연히 그곳을 지나던 1812년 '조국전쟁'의 영웅 니콜라이 라옙스키 장군 가족을 만난다. 장군의 배려로 그들과 동행하여 캅카스로 요양 여행을 떠난다. 6~7월 사이, 퍄티고르스크 등지의 온천지에 머물며 서사시 〈캅카스의 포로〉 집필에 착수한다. 8월 하순부터 9월 초까지, 크림반도 남단의 휴양지 구르주프에서 라옙스키 가족과 체류한다. 푸시킨은 평생 이곳에서의 날들을 "내 생애 가장 행복했던 시절"로 추억한다. 9월 4일, 구르주프를 떠나 게오르기옙스키 수도원과 타타르 칸의 궁전이 있는 바흐치사라이를 거쳐

심페로폴로 향한다(이때의 인상이 서사시 〈바흐치사라이의 분수〉의 모티프가 된다). 9월 21일, 최종 유배지인 키시뇨프에 도착하여 본격적인 유배 생활을 시작한다. 10월, 페테르부르크에서 발생한 세묘놉스키 친위대 연대 반란 소식을 접하고 크게 동요한다. 또한 키시뇨프에서 그리스 독립 운동의 지도자 알렉산드르 입실란티스와 교류하며 유럽의 자유주의 혁명 열기에 깊이 공감한다.

1821년 1~3월 초, 키예프와 카멘카에서 데카브리스트 남부 결사 회원들과 교류하며 공화주의 사상을 토론한다. 2월 20일, 서사시 〈캅카스의 포로〉를 완성한다. 3월 11일, 알렉산드르 입실란티스가 야시에서 오스만 제국에 대항하는 그리스 독립 전쟁을 일으킨다. 열광에 찬 지지를 보냈던 푸시킨은 6월, 봉기 실패 소식을 접하고 좌절과 냉소에 빠진다. 4월 9일, 남부 결사의 지도자 파벨 페스텔과 만나 공화주의와 국가 체제에 대해 심도 있는 토론을 나누고, 그의 명석한 지성에 깊은 감명을 받는다. 4~5월, 신성모독적인 풍자 서사시 〈가브릴리아다〉를 집필한다(이 시는 훗날 푸시킨을 위험에 빠뜨린다). 8~11월, 서사시 〈바흐치사라이의 분수〉와 〈강도 형제〉를 본격적으로 집필한다. 12월, 키시뇨프의 권태로운 삶 속에서 '오비디우스'와 자신을 동일시하는 시들을 쓴다.

1822년 1~2월, 키시뇨프의 무료한 일상 속에서 카드 게임 중 시비가 붙은 장교 알렉산드르 주보프와 결투를 벌인다. 결투장에서 체리를 먹으며 상대의 총구 앞에 섰던 대담한 일화가 유배지 전역에 시인의 명성을 떨치는 계기가 된다(이 사건은 훗날 소설 〈일발〉의 모티프가 된다). 8월 말~9월 초, 〈캅카스의 포로〉 초판이 발행된다. 이 작품은 출간 후 대중과 비평가 모두에게 폭발적인 반응을 얻으며, 푸시킨을 당대 러시아 문단의 독보적인 시인으로 등극시킨다. 11월 11일, 서사시 〈강도 형제〉를 완성한다. 12월, 키시뇨프에서 세 번째 겨울을 맞이하며, 비밀 결사 동료들의 정체된 움직임과 유배지의 권태 속에서 정치적 염세주의와 고독을 느낀다.

1823년 5월 9일, 《예브게니 오네긴》을 집필하기 시작한다. 5월 22일, 새로운 임지인 오데사로의 전근 명령을 받는다. 6월, 〈바흐치사라이의 분수〉를 완성한다. 7월 3일, 키시뇨프를 떠나 오데사에 도착한다. 자신을 시인으로 예우하며 아들처럼 아꼈던 이반 인조프 장군을 떠나 엄격하고 냉담한 미하일 보론초프 총독의 휘하로 들어간다. 삭막한 키시뇨프와 달리 오페라 하우스와 유럽식 사교계가 살아 있는 항구 도시 오데사의 활기에 매료된다. 이탈리아 상인의 아내인 아말리야 리즈니치와의 격정적이고 관능적인 연애와 총독 부인 엘리자베타 보론초바를 향한 지적인 숭배와 은밀한 애정, 두 갈래의 사랑이 찾아와 푸시킨 서정시의 주요 동력이 된다. 11월, 보론초바 부인과의 관계가 깊어지며 상관인 보론초프 총독과의 불화가 싹트기 시작한다. 12월, 그리스 독립 전쟁의 실패와 민중의 무관심을 목격하며 느낀 정치적 환멸을 표현한 시 〈나는 황량한 자유의 씨를 뿌리는 자〉를 쓴다. 연말, 서사시 〈집시〉 집필에 착수한다.

1824년 3월 10일, 〈바흐치사라이의 분수〉 초판이 발행된다. 이 작품의 막대한 성공과 높은 고료는 푸시킨에게 '전업 작가'로서의 경제적 독립 가능성을 보여 준다. 5월, 아말리야 리즈니치가 결핵 치료를 위해 이탈리아로 떠난다. 6월 8일, 보론초프 백작과의 갈등이 깊어지자 황제에게 관직 사직서를 제출한다. 6월, 동경하던 시인 바이런이 그리스 독립 전쟁 중 4월 7일에 사망했다는 소식을 접하고 애도하며 영혼을 위한 미사를 올린다. 6~7월, 보론초바 백작 부인 등의 도움을 받아 콘스탄티노플로 망명하려는 비밀 계획을 세웠으나 수포로 돌아간다. 7월 8일, 앞서 3월에 압수된 '무신론적 견해가 담긴' 편지가 결정적 원인이 되어 공직에서 파면된다. 7월 11일, 영지 미하일롭스코예에서 가택 연금 상태로 경찰과 교회의 감시를 받으라는 황제의 명을 받는다. 오데사를 떠나기 전 보론초바와 마지막 작별을 하고, 그녀는 푸시킨에게 자신의 인장이 찍힌 금반지('부적')를 선물한다. 7월 30일, 오데사를 떠나 8월 9일, 미하일롭스코예에 도착한다. 유배 초기, 경찰의 밀고자가 된 아버지와의 극심한 불화로 정신적 고통을 겪는다. 10월 10일, 서사시 〈집시〉 초고가 완성된다. 11월

7일, 페테르부르크에서 대홍수가 발생한다[이 홍수는 서사시 〈청동 기마상〉(1833)의 배경이 된다]. 11월 18~19일, 갈등 끝에 가족이 영지를 떠나 페테르부르크로 돌아가고, 외부와 차단된 고독 속에서 유모 아리나 로디오노브나만이 그의 곁을 지킨다. 11~12월, 인근 영주인 프라스코비야 오시포바와 남동생 레프 푸시킨, 친구 알렉세이 불프 등의 도움을 받아 데르프트(타르투)를 거쳐 해외로 망명하려는 비밀 계획을 세우나 실행되지 못한다. 연말, 역사 비극 〈보리스 고두노프〉의 집필에 착수한다.

1825년 1월 11일, 리체이 시절의 절친 이반 푸신이 유배지 미하일롭스코예를 기습적으로 방문한다. 푸시킨은 유배 후 처음으로 외부 세계와 연결되는 기쁨을 맛보지만, 푸신은 사실 데카브리스트 비밀 결사의 일원으로 작별 인사를 하러 온 것이었다. 두 사람은 알렉산드르 그리보예도프의 금지된 희곡 〈지혜의 슬픔〉 필사본을 함께 읽으며 밤을 지새운다. 2월 15일, 《예브게니 오네긴》 1장 초판이 발행된다. 4월 중순, 또 다른 리체이 동창인 안톤 델비그가 방문하여 열흘간 머물며 고립된 푸시킨에게 큰 위안을 준다. 6월 하순, 이웃 영지 트리고르스코예를 방문한 안나 케른에게 매료되어, 러시아 서정시의 정수로 꼽히는 〈나는 경이로운 순간을 기억하오〉를 써서 바친다. 11월 7일, 〈보리스 고두노프〉를 탈고한다. 11월 19일, 황제 알렉산드르 1세가 타간로크에서 급사한다. 12월 초, 이 소식을 접한 푸시킨은 정국의 변화를 예감하고 유배 해제의 희망을 품는다. 12월 10일, 페테르부르크의 상황을 확인하기 위해 몰래 유배지를 이탈하려 했으나, 토끼가 길을 가로지르는 불길한 징조(러시아 민간 신앙)를 보고 발길을 돌린다(이 결정이 결과적으로 푸시킨의 목숨을 구한다). 12월 14일, 페테르부르크 원로원 광장에서 데카브리스트 혁명이 발발한다. 주동자 중에는 푸시킨의 가장 친한 벗인 이반 푸신과 빌헬름 큐헬베케르를 비롯하여, 문학적 동지였던 콘스탄틴 릴레예프 등 그가 아끼고 존경하던 지인들이 다수 포함되어 있었다. 12월 말, 새로운 황제 니콜라이 1세가 즉위하고, 데카브리스트들에 대한 대대적인 수사와 체포가 시작된다. 푸시킨은 혁명군 수사

과정에서 자신의 시들이 발견될 것을 직감하고, 연루를 우려하여 자서전 초고와 위험한 수기들을 불태워 파기한다. 12월 30일, 《알렉산드르 푸시킨의 시》가 발행된다.

1826년 1월 3일, 남부에서 체르니고프 연대의 반란이 진압되며 데카브리스트 혁명이 완전히 좌절된다. 이후 5월까지 미하일롭스코예에서 언제 체포될지 모르는 극심한 불안 속에 지낸다. 4월 5일, 주동자 미하일 베스투제프-류민이 "푸시킨의 불온한 시가 군대에 너무 많아 놀랐다"라고 심문 중 증언한다. 4월 12일, 주콥스키가 편지로 '모든 단원의 소지품에서 검열받지 않은 푸시킨의 정치시들이 발견되었다'며 각별한 주의를 당부한다. 5월 11~27일, 니콜라이 1세에게 유배 해제를 청원하며, 비밀 결사에 참여하지 않았다는 공식 서약서를 제출한다. 7월 13일, 릴레예프, 카홉스키 등 데카브리스트 주동자 5인이 처형된다. 7월 24일, 데카브리스트들의 처형 소식을 접하고, 원고 여백에 '다섯 명의 교수대'를 그리며 "나도 거기에 있을 수 있었는데…"라고 적는다. 7월 29일, 과거 연인이었던 아말리야 리즈니치가 이탈리아에서 사망했다는 소식을 듣는다. 8월 27일, 황제가 푸시킨을 "죄수 신분이 아닌 헌병의 호위 아래" 모스크바로 압송하라는 명을 내린다. 9월 4일 새벽, 처벌을 각오한 채 헌병 장교와 함께 미하일롭스코예를 떠난다. 9월 8일 아침, 모스크바에 도착하여 크레믈에서 니콜라이 1세와 약 두 시간 동안 독대한다. "12월 14일에 페테르부르크에 있었다면 무엇을 했겠느냐"라는 질문에 "친구들과 함께 광장에 서 있었을 것"이라고 정직하게 답한다. 푸시킨의 솔직함에 감동한 황제는 "이제부터 내가 직접 너의 검열관이 되겠다"라고 선언하며 그를 즉석에서 사면한다. 9~10월, 6년 만에 자유의 몸이 된 푸시킨은 모스크바 사교계의 영웅으로 떠오른다. 10월 12일, 드미트리 베네비티노프의 집에서 당대 지식인들이 대거 참석한 가운데 〈보리스 고두노프〉를 낭독한다. 10월 20일, 《예브게니 오네긴》 2장 초판이 발행된다. 12월 1일, 가정을 꾸려 안정을 찾고자 친구 바실리 줍코프를 통해 소피야 푸시키나에게 구혼했으나 거절당한다. 12월 말, 비밀경찰 수장 알렉산드르 벤켄도르프

백작으로부터 황제의 허락 없이 작품 낭독을 금지한다는 경고를 받는다. 연말, 시인의 사회적 · 영적 소명을 선언한 시 〈예언자〉를 발표한다.

1827년 1월 초, 시베리아로 떠나는 데카브리스트의 아내 알렉산드라 무라비요바를 통해 유배지의 친구들에게 보내는 시 〈시베리아의 광산 깊은 곳에서〉를 비밀리에 전달한다. 1~2월, 화가 바실리 트로피닌이 푸시킨의 초상화를 그린다(시인의 자유분방한 천재성이 드러난 대표적 초상화다). 3월 하순, 서사시 〈집시〉를 발표한다. 5월 24일, 약 7년 만에 페테르부르크로 귀환해 사교계의 열렬한 환영을 받는다. 6월 4일, 〈강도 형제〉 초판이 발행된다. 6~7월, 여름 동안 미하일롭스코에 영지를 방문하여 휴식을 취하며, 데카브리스트 혁명의 실패 속에서 살아남은 시인의 운명을 표현한 시 〈아리온〉을 쓴다. 7월 말, 자신의 외증조부 아브람 간니발의 삶을 다룬 역사 소설 《표트르 대제의 흑인》 집필에 착수한다. 10월 10일, 《예브게니 오네긴》 3장 초판이 발행된다. 10월 14일, 페테르부르크 근교의 자라지역에서 시베리아로 압송되던 친구 큐헬베케르와 극적으로 재회하여 포옹한다. 이 사건은 즉시 비밀경찰에 보고된다. 10~11월, 〈앙드레 셰니에〉 등 과거의 시들이 불온한 목적으로 유포되고 있다는 혐의로 소환되어 벤켄도르프의 조사를 받는다.

1828년 1월 31일~2월 2일, 《예브게니 오네긴》 4장과 5장 초판이 연이어 출간되며 문단에 큰 반향을 일으킨다. 3월 23일, 《예브게니 오네긴》 6장 초판이 발행된다. 4월 5일, 서사시 〈폴타바〉 집필을 시작한다. 4월 14일, 러시아-투르크 전쟁이 발발한다. 4월 20~21일, 벤켄도르프에게 종군 허가와 파리 여행 허가를 각각 요청했으나 받아들여지지 않는다. 4~10월, 안나 올레니나를 향한 연모로 구혼한다(이 과정에서 시 〈당신을 사랑했습니다. 사랑은, 아마, 아직〉과 같은 걸작들이 탄생한다). 6월 28일, 시 〈앙드레 셰니에〉 필화 사건으로 국무원의 비밀 감시 결정이 내려진다. 6~10월, 농노들이 시 〈가브릴리아다〉를 읽고 타락했다는 고발로 심문이 이어진다. 처음에는 저자임을 부인했다가, 황제에게 비밀 편지를 보내 〈가브릴리아다〉의 저자임을 자백하고 황제의 관대한 답변을 받는다. 7~8월, 아그라페나 자크렙스카야와 연애한다. 10월 16일, 〈폴타바〉를 완성한다. 12월 말, 모스크바의 무도회 교사 요겔의 집에서 열린 파티에서 나탈리야 곤차로바를 처음 만난다.

1829년 1월 30일, 주 이란 대사로 있던 그리보예도프가 테헤란에서 폭도들에게 살해당한다. 3월 28일, 서사시 〈폴타바〉가 발행된다. 평단으로부터 의외의 혹평을 받으며 심리적 타격을 입는다. 5월 1일, 친구 표트르 톨스토이를 통해 나탈리야 곤차로바의 어머니에게 정식으로 구혼했으나, "딸이 아직 너무 어리다"라는 모호하고 냉담한 답변을 받는다. 구혼 거절의 상실감과 페테르부르크의 감시 체제에 숨이 막힌 푸시킨은 당국의 허가 없이 무작정 캅카스의 전쟁터로 떠난다. 5월 15일, 《아르즈룸 여행기》 기록을 시작한다. 5월 26일, 《알렉산드르 푸시킨의 시》 1권이 발행된다. 6월 11일, 유해를 운구하여 러시아로 돌아오는 그리보예도프의 시신과 길에서 마주친다. 6월 14일, 투르크군과의 총격전에 직접 참여한다. 6월 26일, 《알렉산드르 푸시킨의 시》

2권이 발행된다. 9월 20일, 4개월여의 무단 여행을 마치고 모스크바로 돌아온다. 곤차로바 가문을 방문했으나 냉담한 대접을 받는다. 10월 14일, "황제의 허락 없이 전선에 간 것은 엄중한 과실"이라는 벤켄도르프의 강력한 경고 서신을 받는다.

1830년 1월 1일, 안톤 델비그와 공동으로 창간한 《문학 신문》 창간호가 발행된다. 1월 7일, 벤켄도르프에게 서유럽이나 중국 여행 허가를 요청했으나 불허 통보를 받는다. 3월, 어용 언론인 파데이 불가린 일당의 비방에 맞서 《문학 신문》을 통해 격렬한 필전을 벌인다. 3월 18일, 《예브게니 오네긴》 7장 초판이 발행된다. 4월 6일, 나탈리야 곤차로바에게 다시 구혼하여 마침내 승낙을 얻는다. 4월 16일, 벤켄도르프에게 결혼 소식을 알리며, 자신의 정치적 신분이 혼사에 걸림돌이 되지 않도록 보장해 달라는 편지를 보낸다. 5월 6일, 푸시킨과 나탈리야 곤차로바의 공식 약혼식이 치러진다. 8월 31일, 지참금 문제로 인한 장모와의 갈등을 뒤로하고, 재산 분할을 위해 아버지가 물려준 볼디노 영지로 떠난다. 9월 3일,

볼디노에 도착한다. 곧이어 인근 지역에 콜레라가 창궐하여 검역 봉쇄령이 내려지자 영지에 약 3개월간 고립된다. 죽음의 공포와 고립 속에서 창작 에너지가 폭발한다. 9월 9일~10월 20일, 《벨킨 이야기》를 이루는 단편 〈장의사〉(9월 9일), 〈역참지기〉(9월 14일), 〈공작 영애-농군 처녀〉(9월 20일), 〈일발〉(10월 14일), 〈눈보라〉(10월 20일)를 차례로 완성한다. 9월 25일, 《예브게니 오네긴》 9장(훗날의 8장)을 완성한다(이로써 7년에 걸친 소설 집필이 사실상 마무리된다). 10월 5~10일, 서사시 〈콜롬나의 작은 집〉를 집필한다. 10월 19일, 리체이 개교기념일에 정치적 위험을 고려하여 《예브게니 오네긴》 10장 원고를 소각한다. 10월 23일~11월 중, 네 편의 '소비극', 〈인색한 기사〉(10월 23일), 〈모차르트와 살리에리〉(10월 26일), 〈석상 손님〉(11월 4일), 〈페스트가 일 때의 향연〉(11월 중)을 완성한다. 11월 1일, 풍자 산문 〈고류히노 마을의 역사〉를 완성한다. 또한 〈악령〉, 〈비가〉 등 깊은 사색이 담긴 30여 편의 서정시를 쏟아 낸다. 11월 30일, 봉쇄가 풀리자 볼디노를 떠나 모스크바로 향한다. 12월 5일, 모스크바에 도착한다. 12월 23일, 희곡 〈보리스 고두노프〉가 발행된다.

1831년 1월 14일, 델비그가 사망한다. 1월 18일 부고를 접한 푸시킨은 "그와 함께 나의 과거와 행복했던 시절이 모두 묻혔다"라며 큰 충격과 슬픔에 빠진다. 2월 18일, 모스크바의 '대승천 교회'에서 나탈리야 곤차로바와 결혼식을 올린다. 5월 15~18일, 아내와 함께 모스크바를 떠나 페테르부르크로 이동한다. 5월 20일, 니콜라이 고골과 처음 만난다. 푸시킨은 고골의 재능을 즉각 알아보고 그에게 《검찰관》, 《죽은 혼》 등, 여러 작품의 소재를 제공하며 멘토 역할을 한다. 5월 25일, 차르스코예 셀로로 이주하여 여름을 보낸다. 6~7월, 러시아 전역에 다시 콜레라가 창궐하자, 황제 니콜라이 1세와 황실 가족이 차르스코예 셀로로 피신해 온다. 이 과정에서 푸시킨은 황제와 자주 마주치게 되며 관계가 개선된다. 7월 22일, 황제의 명에 의해 외무성 관리로 재임용되고, 표트르 대제의 역사를 집필하기 위해 '국가 기록 보관소' 열람권을 얻는다. 8~9월, 폴란드 봉기에 대응한 애국시 〈러시아를 비방하는 자들에게〉를 집필하여 발표한다. 이로 인해 일부 자유주의자 동료들과 관계가 소원해진다. 10월 중순, 페테르부르크로 거처를 옮기며 본격적인 중앙 사교계 생활을 시작한다. 나탈리야의 미모가 사교계에서 즉각적인 화제가 된다. 10월 하순, 소설집 《벨킨 이야기》를 익명으로 발행한다. 11월 14일, 외무성 관리로 정식 복귀한다. 11월 말, 〈페스트가 일 때의 향연〉을 발표한다.

1832년 1월 1일, 벤켄도르프를 통해 니콜라이 1세에게 《표트르 대제의 역사》 집필을 위한 사료 열람 청원 및 계획안을 제출하고 정식 승인을 받는다. 1월 10일, 벤켄도르프가 푸시킨은 일반 검열 외에 모든 작품을 자신에게 보내야 한다고 통보한다. 1월 20일, 《예브게니 오네긴》 8장 초판이 발행된다. 1월 30일, 《알렉산드르 푸시킨의 시》 3권이 출간된다. 5월 19일, 장녀 마리야가 출생한다. 7월, 국가 기록 보관소에서 표트르 대제의 사료를 조사하던 중, 푸가초프 반란 관련 문서를 발견하고 이에 깊이 몰입하기 시작한다. 9월 21일, 아내 나탈리야와 함께 모스크바를 방문하여 10월 중순까지 체류하며 사교계 및 문단 인사들과 교류한다. 10월 21일, 소설 《두브롭스키》 집필을 시작한다. 12월, 사교계 유지 비용과 가족 부양으로 인한 경제적 결핍이 가시화되며 빚을 지기 시작한다.

1833년 1월 31일, 소설 《대위의 딸》 집필을 시작한다. 1~2월, 《두브롭스키》 집필을 중단하고 〈스페이드의 여왕〉을 구상하기 시작한다. 2월 19일, 〈콜롬나의 작은 집〉을 발표한다. 3월 23일, 《예브게니 오네긴》 단행본이 발행된다. 7월 6일, 둘째이자 장남 알렉산드르가 출생한다. 7월 21일, 벤켄도르프를 통해 황제에게 푸가초프 반란의 역사를 연구하기 위한 카잔과 오렌부르크 지방 여행 허가와 4개월간의 휴가를 요청한다. 8월 7일, 니콜라이 1세가 푸시킨의 오렌부르크 및 카잔 여행을 허가했다는 통보를 받는다. 8월 17일, 페테르부르크를 떠나 푸가초프 반란 현장 답사 여행을 시작한다. 9월, 카잔, 심비르스크, 오렌부르크 등을 방문해 반란의 생존 노인들을 만나 증언을 직접 채록하고, 지형과 격전지를 살피며 사료의 공백을 메운다. 10월 1일, 여행을 마치고 돌아오던 중 볼디노 영지에 도착하여 약 한 달 반 동안 머문다(제2의 볼디노의 가을이다). 10월 중순~11월 초, 동화시 〈어부와 물고기 이야기〉(10월 14일), 서사시 〈안젤로〉(10월 27일)와 〈청동 기마상〉(10월 31일), 역사서 《푸가초프 반란사》(11월 2일), 동화시 〈죽은 공주와 일곱 기사 이야기〉(11월 4일) 등을 놀라운 속도로 완성한다. 11월 20일, 페테르부르크로 귀환한다. 12월 6일, 《푸가초프 반란사》를 황제에게 헌정하고 출판 허가를 요청하는 편지를 보낸다. 12월 12일, 벤켄도르프를 방문하여 니콜라이 1세가 직접 검열하여 수정한 〈청동 기마상〉 원고를 돌려받고, 황제의 지나친 수정에 출판을 포기한다. 12월 30일, 황제로부터 '시종보' 직함을 하사받고 일기에 불쾌감을 기록한다.

1834년 1월 17일, 아내 나탈리야가 궁정에 공식 소개되어 황제와 사교계의 집중적인 주목을 받기 시작한다. 2월 8일, 황제의 명으로 조르주 당테스가 근위 기병 연대의 소위로 임관한다. 1~2월, 일기에 궁정의 위선과 정부의 감시에 대한 비판적인 냉소를 기록하기 시작한다. 3월 1일,

〈스페이드의 여왕〉을 발표한다. 러시아 단편 문학의 정수로 평가받으며 큰 성공을 거둔다. 6월 3일, 아내에게 보내는 편지에서 자신의 사적인 서신이 정부에 의해 검열되는 것에 대해 극도의 분노를 표출한다. 6월 25일, 벤켄도로프에게 서신을 보내 사직 후 시골로 내려가 집필에만 전념하되, 아카이브 연구 권한만은 유지하게 해 달라고 요청한다. 6월 30일, 황제 측에서 "사직은 수리하되, 아카이브 열람권은 박탈하겠다"라는 위협적인 답변을 보낸다. 7월 3~6일, 주콥스키의 간곡한 중재와 황제의 노여움에 압박을 느낀 푸시킨이 결국 사직서를 철회한다. 7월 27일, 작품집 《알렉산드르 푸시킨이 발행한 이야기들》(《벨킨 이야기》, 〈스페이드의 여왕〉 등 수록)이 발행된다. 9월 13~20일, 볼디노 체류 중 전제 군주제에 대한 풍자와 냉소가 담긴 동화시 〈황금 수탉 이야기〉를 완성한다. 10월 28일, 《푸가초프 반란사》 전 2권이 발행된다. 원제목은 '푸가초프사'였으나, 황제가 '반란사'로 직접 수정한다(푸시킨은 출판 비용 마련을 위해 황제에게서 2만 루블을 대출받아, 경제적 예속이

심화된다). 12월, 극심한 채무와 궁정 무도회 참석 의무 속에서 정신적 고통을 겪으며 한 해를 마감한다.

1835년 3~5월, 〈서슬라브족의 노래〉, 〈황금 수탉 이야기〉, 〈어부와 물고기 이야기〉 등 동화와 시들이 잇달아 잡지에 실린다. 4월 1일, 가계 곤란으로 보석, 은기, 숄 등을 담보로 3550루블을 대출받는다. 4월 25일, 《알렉산드르 푸시킨의 서사시와 소설》 1권이 출간된다. 5월 14일, 차남 그리고리가 출생한다. 6월 1일, 심각한 재정난을 해결하기 위해 3~4년간 시골 영지로 내려가 살게 해 달라고 간청하는 서신을 벤켄도르프에게 보냈으나, 황제가 이를 거절한다. 7월 22일, 푸시킨은 빚이 6만 루블에 달한다고 고백하며 시골행이 안 된다면 거액의 대출이라도 해 달라고 호소한다. 8월 16일, 니콜라이 1세가 3만 루블의 대출과 4개월 휴가를 승인한다(이 빚은 푸시킨을 황제에게 더욱 종속시키는 족쇄가 된다). 8월 27일, 《알렉산드르 푸시킨의 서사시와 소설》 2권이 출간된다. 9월 초, 《알렉산드르 푸시킨의 시》 4권이 출간된다. 9월 7일~10월 20일,

미하일롭스코예와 트리고르스코예에 체류하며 창작에 몰두한다. 10월 23일, 페테르부르크로 돌아온다. 12월 31일, 벤켄도르프에게 편지를 보내, 1836년부터 새로운 잡지 《동시대인》을 발행하게 해 달라고 요청한다.

1836년 1~3월, 《동시대인》 창간 준비에 모든 에너지를 쏟는다. 고골 등 당대 최고의 작가들에게 원고를 청탁하며 편집자로서 분투한다. 1월 14일, 황제가 《동시대인》 창간을 허가한다. 2월 1일, 가계 곤란으로 다시 보석과 은기를 담보로 대출을 받는다. 3월 29일, 어머니 나데즈다 오시포브나가 별세한다. 4월 11일, 《동시대인》 1권이 발행된다. 고골의 〈코〉가 수록되는 등 문학적으로는 찬사를 받았으나, 대중적 성공은 기대에 미치지 못했다. 4월 13일, 어머니의 유해를 스뱌토고르스키 수도원에 안치한다(푸시킨은 이곳에 자신이 묻힐 자리를 미리 사 둔다). 5월 23일, 막내딸 나탈리야가 출생한다. 7~10월, 잡지 경영 악화와 검열의 압박으로 심신이 지쳐 간다. 《동시대인》 2권과 3권이 잇달아 나오지만 독자들의 반응은 냉담했고, 푸시킨은 심한 고립감을 느낀다. 9월

1일, 모이카 운하 12번지 저택(현 푸시킨 박물관)으로 이사한다. 10월 19일, 《대위의 딸》을 완성한다. 리체이 창립 기념일 모임에 참석하여 시 〈그런 시절이 있었지. 우리의 젊은 축일이〉를 낭독하다가 감정에 북받쳐 중단한다. 11월 4일, 푸시킨과 지인들에게 아내 나탈리야와 조르주 당테스의 불륜을 조롱하는 '오쟁이 진 남편 협회 회원증'(익명의 투서)이 배달된다. 11월 5일, 푸시킨은 이 투서의 배후로 당테스의 양부 루이 게케른 남작을 의심하고, 당테스에게 결투를 신청한다. 11월 17일, 당테스가 나탈리야의 동생인 예카테리나 곤차로바와 결혼하겠다고 선언하며 결투가 잠정 철회된다. 11월 23일, 니콜라이 1세에게 "다시 결투 문제가 생기면 보고하고 결투장으로 가지 말라"라는 엄명을 받는다. 12월 하순, 《대위의 딸》이 수록된 《동시대인》 4권이 발행된다. 극심한 신경 쇠약과 분노 속에서 한 해를 마감한다.

1837년 1월 10일, 당테스와 예카테리나 곤차로바의 결혼식이 거행된다. 1월 하순, 가족이 되었음에도 당테스의 추문이 계속되자, 푸시킨은 참아 왔던

분노가 폭발한다. 1월 26일, 푸시킨이 게케른 남작에게 모욕적인 편지를 보내 결투를 유도하고, 당테스가 푸시킨에게 결투를 신청한다. 1월 27일, 운명의 날, 오전 8시, 평소처럼 집필 활동(표트르 대제 관련 기록 정리)을 한다. 오후 2시 30분, 입회인 콘스탄틴 단자스와 함께 결투 조건을 확정한다. 오후 4시, 초르나야 레치카에 도착한다. 오후 4시 30분, 결투를 시작한다. 당테스가 먼저 발사하여 푸시킨이 하복부에 치명상을 입는다. 푸시킨도 쓰러진 채 응사하여 당테스에게 경상을 입힌다. 오후 6시, 모이카 12번지 자택으로 후송된다. 1월 28일, 극심한 고통 속에서도 정신을 잃지 않고 가족과 작별 인사를 나눈다. 황제가 "기독교인으로서 평안히 가라. 가족은 내가 돌보겠다"라는 메시지를 보낸다. 1월 29일 오후 2시 45분, 친구들과 아내 나탈리야가 지켜보는 가운데, "삶이 끝났다. 숨쉬기가 어렵고 답답하다"라는 마지막 말을 남기고 숨을 거둔다. 1월 31일 밤, 원래 장례식은 성 이사악 성당으로 예고되었으나, 추모 인파가 모여들자 당국이 소요를 우려해 시신을 콘유셴나야 교회로 몰래 옮긴다. 2월 1일, 콘유센나야 교회에서 장례 미사가 집전된다. 2월 3일, 시신이 야간을 틈타 미하일롭스코예로 운구된다. 2월 6일, 스뱌토고르스키 수도원의 어머니 묘소 옆에 안장된다.

옮긴이에 대해

최종술은 서울대학교 노어노문학과와 동 대학원을 졸업했다. 러시아 학술원 산하 러시아문학연구소(푸시킨스키 돔)에서 〈알렉산드르 블로크와 19세기 낭만주의 시인들: 기억과 암시의 시학〉으로 박사학위를 받았다. 현재 상명대학교 글로벌지역학부 교수로 재직 중이다. 저서로 《알렉산드르 블로크: 노을과 눈보라의 시, 타오르는 어둠의 사랑 노래》, 번역서로 알렉산드르 블로크의 《블로크 시선》, 블라디미르 나보코프의 《절망》, 류드밀라 울리츠카야의 《메데야와 그녀의 아이들》, 보리스 파스테르나크의 《끝까지 살아 있는 존재》, 《의사 지바고》, 공역으로 리디야 긴즈부르크의 《서정시에 관하여》, 레프 톨스토이의 《전쟁과 평화》 등이 있다.

푸시킨 시선

지은이 알렉산드르 푸시킨
옮긴이 최종술
펴낸이 박영률

초판 1쇄 펴낸날 2026년 2월 13일

커뮤니케이션북스(주)
출판등록 제313-2007-000166호(2007년 8월 17일)
02880 서울시 성북구 성북로 5-11
전화 (02) 7474 001, 팩스 (02) 736 5047
commbooks@commbooks.com
commbooks.com

지식을만드는지식은
커뮤니케이션북스(주)의 고전 출판 브랜드입니다.

ISBN 979-11-430-1807-6 03890

책값은 뒤표지에 있습니다.